Snežana Šimičić • Stephan Fennel

Biker Betten
Motorrad Reisebuch

BALKAN

auf dem Motorrad entdecken

Das Autorenteam Snežana Šimićič und Stephan Fennel.

Der Balkan steht für verschiedene Kulturen, Ethnien und Religionen. Leider ist der Begriff im deutschen Sprachraum aber auch zum Schimpfwort verkommen. Gerne werden damit Kriege, Korruption, Rückständigkeit, Chaos und Kriminalität beschrieben. Zu viele, die noch nie ihr Motorrad in die Länder Südosteuropas gelenkt haben, denken so – und wissen gar nicht, was sie verpassen.

Auf allen unseren Reisen durch diesen gerade für Motorradfahrer so unglaublich schönen Teil Europas haben wir überbordende Gastfreundschaft, eine Herzenswärme und vor allem eine Hilfsbereitschaft angetroffen, die in unseren Breiten mittlerweile weitgehend verloren gegangen sind. Als Fazit nach jeder Tour stand fast immer: je ärmer das Land, desto herzlicher die Leute.

Daran könnten wir uns durchaus ein Beispiel nehmen. Wann habt ihr zuletzt einem Fremden in eurer Nachbarschaft, der etwas verloren am Wegesrand stand, Hilfe angeboten? Oder ein Gespräch gesucht? Oder ihn gar zum Essen ins eigene Heim geladen? Alles ganz alltägliche Erfahrungen, die wir auf dem ach so schlimmen Balkan gemacht haben. Probleme mit dem Motorrad? Es gibt anscheinend immer einen, der einen kennt, der helfen kann – und das auch tut. Gerne, oft sogar unentgeltlich.

Die Sprachbarriere spielt dabei übrigens so gar keine Rolle! Viele sprechen Deutsch, die meisten – insbesondere in der jüngeren Generation – hervorragendes Englisch. Doch selbst mit einem Ömchen im Hinterland von Irgendwo, das nur ihren dorfeigenen Dialekt zu sprechen imstande ist, gelingt die Verständigung. Dann eben mit Händen und Füßen, nicht zu vergessen und immens wichtig: einem Lächeln auf den Lippen.

Sicherheit ist auch so ein Thema. Es scheint, als säße das Vorurteil hartnäckig fest, Material und Maschine würden auf dem Balkan schneller abhandenkommen, als man gucken kann. Nun, uns ist in all den Jahren noch nie so etwas widerfahren. Im Gegenteil: Häufig kamen wir mit dem Gefühl zurück, es sei dort sogar sicherer als in unseren deutschen Städen.

Wir möchten euch mit diesem Reiseführer Mut machen und natürlich vor allem inspirieren. Slowenien, das Tor zum Balkan, dürften viele aufgrund der alpinen Schönheiten vermutlich schon auf dem Plan haben. Wir verraten euch gerne, welche fahrerischen Highlights man an nur einem einzigen Fahrtag zwischen Bergen und Meer genießen kann.

Weiter geht es nach Kroatien. Das Land mit seinen über 1000 Inseln hat aber längst nicht nur die Adria mit ihrer berühmten Küstenstraße zu bieten. Wir laden euch ein, Dornröschen zu wecken – und zwar im Nordosten, der von den meisten Reisenden links liegen gelassen wird. Dabei ist die an Ungarn, Bosnien und Herzegowina sowie Serbien angrenzende Region Slawonien ein ganz wunderbares Motorrad-Reiseziel.

Ein ähnliches Schicksal teilt der ungarische Balaton. Den Plattensee kennt man, vom kostengünstigen Familienurlaub. Dabei lohnt sich die weitgehend flache Region einmal aus einem anderen Blickwinkel gesehen auch ganz hervorragend als außergewöhnliche Motorradetappe. Warum wir es vor allem jenen empfehlen, die von der US-amerikanischen Route 66 schwärmen, könnt ihr nachlesen.

Kommen wir zu Rumänien: Ja, die Armut, nicht nur von Sinti und Roma, ist bei den Touren durchs Land durchaus präsent. Grund genug, um seine persönlichen Vorurteile zu überdenken, und sich glücklich zu schätzen, wie gut es einem selbst geht. Finden wir zumindest.

Die trüben Gedanken schüttelt man dann während der Fahrt ab: Vor allem in der wilden Bergwelt der Ostkarpaten bis ins sagenumwobene Transsylvanien. Dabei erklimmt man einige der schönsten Hochgebirgsstraßen des Balkans. Wer mag, auch mit Offroadpassagen. Zwischen Karpaten und Tatra kann einen aber auch die kleine Slowakei in Staunen versetzen.

Je weiter es auf dem Balkan in Richtung Süden geht, desto spannender werden die Straßen und die sie umgebenden Landschaften. Verprochen! Ein kleines Beispiel gefällig? Wer einmal den nur in Spuckweite befindlichen Una-Nationalpark im Norden von Bosnien und Herzegowina für sich entdeckt hat, fragt sich, warum eigentlich alle Welt zu den Plitvicer Seen möchte. Dabei hat man das Innere des Landes noch gar nicht gesehen.

Kommen wir zu Montenegro: Im Süden versteckt sich eine der beeindruckendsten und dennoch unbekanntesten Bergstraßen Europas. Und auch die Fahrt durch den Durmitor-Nationalpark raubt einem den Atem.

Schlussendlich noch Albanien: Gut, die Straßenqualität ist nicht überall optimal. Aber die Streckenführung meist genial.

Uns bleibt noch zu sagen: Nur Mut. Traut euch, den Balkan selbst zu entdecken. Gute Reise und viel Spaß!

Praha
Krakow
ČESKO
SLOVENSKO
Wien
Budapest
MAGYARORSZÁG
ÖSTERREICH
Ljubljana
Zagreb
HRVATSKA
Venezia
Београд
Belgrade
BOSNA I
HERCEGOVINA
СРБИЈА
SERBIA
SAN MARINO
ITALIA
Podgorica
KOSOVË /
KOSOVO
Tiranë
SHQIPËRIA
Napoli
1
2
3
5
6
7
8
9
10

1 SLOWENIEN

2 KROATIEN – SLAWONIEN

3 UNGARN

4 RUMÄNIEN

5 SLOWAKEI

6 BOSNIEN UND HERZEGOWINA NORD

7 BOSNIEN UND HERZEGOWINA SÜD

8 MONTENEGRO SÜD

9 MONTENEGRO NORD

10 ALBANIEN

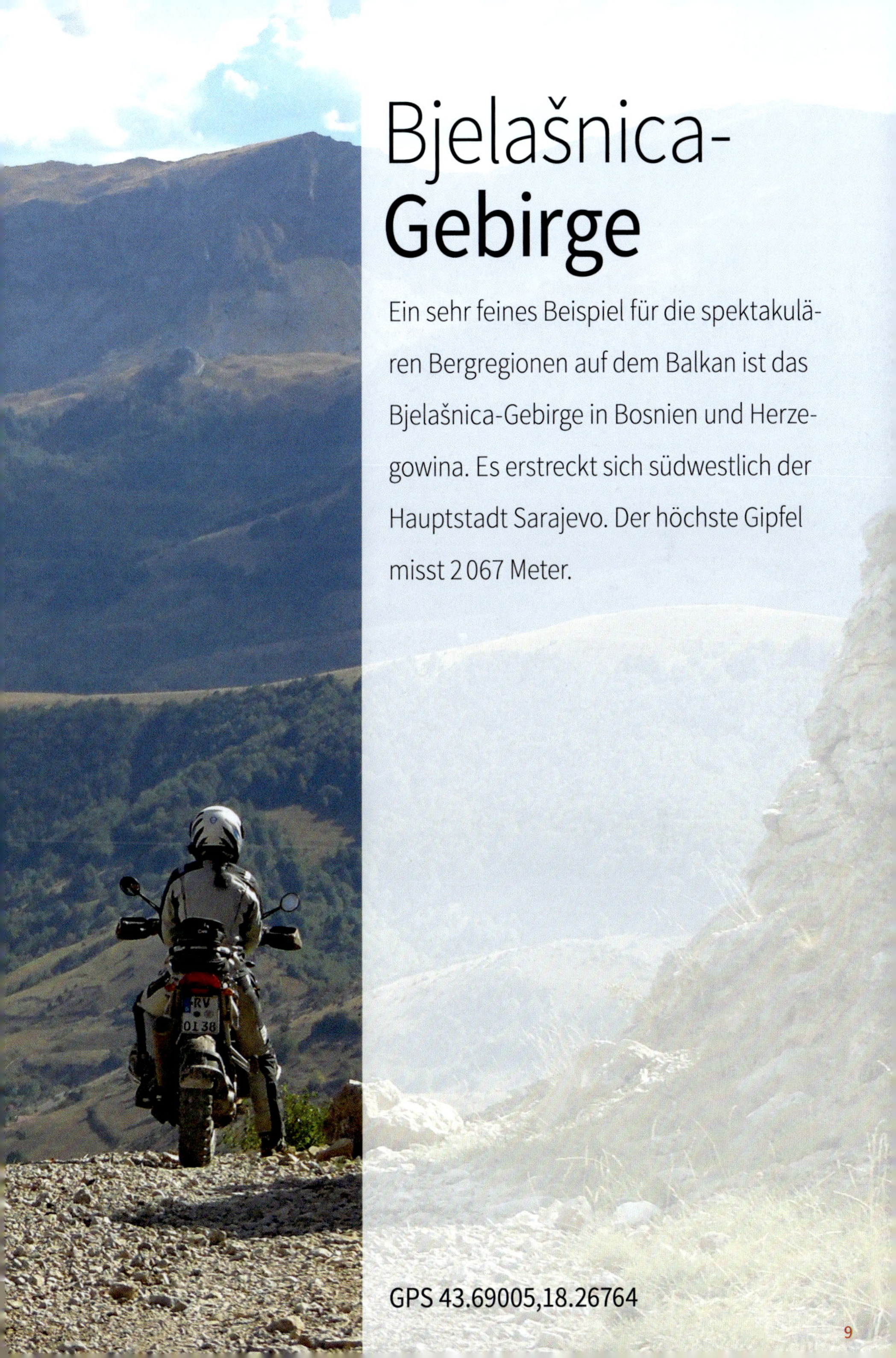

Bjelašnica-
Gebirge

Ein sehr feines Beispiel für die spektakulären Bergregionen auf dem Balkan ist das Bjelašnica-Gebirge in Bosnien und Herzegowina. Es erstreckt sich südwestlich der Hauptstadt Sarajevo. Der höchste Gipfel misst 2 067 Meter.

GPS 43.69005,18.26764

Nationalpark **Durmitor**

Der Durmitor ist ein Bergmassiv im Norden Montenegros. Der das Massiv umschließende Durmitor-Nationalpark, der 1952 zum Nationalpark erklärt wurde, gehört seit 1980 zum UNESCO-Weltnaturerbe. Der höchste Gipfel des Durmitormassivs mit 2 522 Metern ist der Bobotov Kuk. 48 Gipfel des Durmitor-Massivs sind höher als 2 000 Meter.

GPS 43.098478, 19.050656

NOVÉ
ŠTRBSKÉ PLESO

Gletschersee
Štrbské Pleso

Entstanden durch das Schmelzen eines nicht mehr existenten Gletschers, befindet sich der slowakische See auf einer Höhe von 1346 Metern. Ein wunderbarer Platz mit einem phänomenalen Ausblick auf die bis zu 2600 Meter hohen Gipfel der Hohen Tatra, dem höchsten Teil der Karpaten.

GPS 49.120343, 20.062237

AR
630

Qafa e Llogarasë

Dieser Pass im albanischen Küstengebirge südlich von Orikum hat eine Scheitelhöhe von 1027 Metern und steht beispielhaft für die Strecken, die der Balkan vor allem entlang der Adriaküste bereithält. Man kommt von Null und ist nach wenigen Minuten schon auf 1000. Die Aussichten sind dramatisch.

GPS 40.188381, E 19.599642

Genussregionen Balkan

Der östliche Mittelmeerraum ist vielfältig. Dies gilt für die Landschaften, aber auch die kulinarischen Köstlichkeiten, die unterwegs unbedingt probiert werden sollten. Am besten in kleinen, urtümlichen Restaurants.

Unterwegs mit dem Motorrad sollte auch der kulinarische Genuss nicht zu kurz kommen.

Motorradreisende sind immer auf der Suche nach spannenden Strecken, keine Frage. Doch unterwegs geht es vielen auch darum, Land und Leute kennenzulernen. Dazu gehören ebenso die kulinarischen Spezialitäten in den einzelnen Regionen.

In dieser Hinsicht besonders vielfältig stellt sich der östliche Mittelmeerraum dar. Obgleich die ehemaligen Staaten Jugoslawiens und ihre Nachbarn – sprich der Balkan – eine lange gemeinsame Tradition haben und dementsprechend viele ähnliche Gerichte auf den Tisch kommen, gibt es eine Menge regionaler Unterschiede, die sich vor allem an der Art der Zubereitung erkennen lassen.

Verschiedenste Einflüsse

Die Einflüsse sind vielfältig: Mitgebracht wurden sie von den wechselnden Machthabern, vor allem aus Österreich-Ungarn sowie dem Osmanischen Reich. Hinzu kommen die geographischen Begebenheiten: Entlang der Küste kommen – na klar –

vor allem Fische und Meeresfrüchte auf die Teller.

Je weiter man ins Innere der Länder fährt, vor allem in die jeweiligen Gebirgsregionen, desto deftiger geht es zu. Grundsätzlich gilt: Fleisch, in so ziemlich allen Darreichungsformen, wird überall gerne gegessen. Da aber auch frisches und regionales Gemüse eine große Rolle spielt, müssen selbst Vegetarier allen Vorurteilen zum Trotz ganz und gar nicht darben.

Bei dieser Top-10-Liste haben wir bewusst die für deutsche Geschmäcker recht abstrusen Spezialitäten wie beispielsweise Bär, Frosch oder Schlange außen vor gelassen. Dennoch wird sie zeigen, wie mannigfaltig die Auswahl unterwegs sein kann.

Pro Tipp wird nicht nur eine Leckerei, sondern auch das fahrerische Umland beschrieben. Und jetzt dürft ihr ausprobieren …

Slowenien – Piran

Die einzige maritime Fischzucht Sloweniens befindet sich in der Bucht von Piran. Genauer: in dem 650 Hektar großen Landschaftspark Sečovlje mit Blick auf die Saline. Geführt wird sie von den Geschwistern Irena und Lean Fonda. Der Familienbetrieb wurde von ihrem Vater Ugo bereits vor mehr als 40 Jahren gegründet.

Die jüngere Generation hat nicht nur das Marketing des Unternehmens modernisiert, sondern auch die Aufzucht umgestellt. Wert wird vor allem auf Ökologie gelegt. Mitten im Meer dürfen Hunderttausende von Kleinfischen vier Jahre lang unbeschwert heranwachsen, bevor sie verkauft werden. Gemeinsam mit ihnen werden auch Tonnen von Muscheln aufgezogen.

Die Tiere haben sogar ein eigenes Zuhause: Sie leben in kreisrunden Kä-

Wolfsbarsch gehört zu den maritimen Köstlichkeiten aus der Fischzucht Fonda.

fig-Netzen. Gefüttert werden sie nur mit bestem Fischfutter – und immer per Hand. Mehrere Mitarbeiter sind dafür zuständig. Selbstverständlich wird auf jegliche Zugabe von Medikamenten verzichtet.

Auch bei der Reinigung der Netze werden keine Kompromisse gemacht. Im Gegensatz zu vielen anderen Züchtern verzichtet man hier auf Anti-Vegetationsgifte. Stattdessen werden die Netze täglich ebenfalls per Hand gereinigt und alle zwei Monate sogar komplett ausgewechselt.

Der schwarze Trüffel ist das Gold des istrischen Nordens.

Lohn der Mühe ist ein besonders schmackhafter Adria-Fisch, der ökologisch unbedenklich ist und Bio-Qualität hat. In vielen örtlichen Restaurants steht er auf der Speisekarte. Die Fischfarm kann im Rahmen einer Erlebnistour besichtigt werden.

GPS 45.499668, 13.588724

Kroatien – Livade

Voraussetzung für die Edelpilzknolle Trüffel ist feuchter Mischwald. Dieser ist im Mirnatal im Norden Istriens, rund um die Orte Buje, Motovun und Livade omnipräsent. Nur rund 300 Menschen haben in Kroatien die Lizenz, um nach den teuren Leckereien suchen zu dürfen.

Nach Meinung von Experten stehen sie ihrem prominenten Pendant aus dem piemontesischen Alba qualitativ in nichts nach, sind allerdings preislich etwas günstiger. Der schwarze Trüffel (der ganzjährig bis auf eine Frühjahrspause gefunden wird) kostet je nach Qualität um die 200 Euro pro Kilo, sein weißer Star-Bruder (Saison: Herbst bis Winteranfang) kann allerdings durchaus über 4000 Euro teuer werden.

Kosten kann man ihn in diesem Teil der kroatischen Halbinsel in den meisten Restaurants. Geboten werden allerlei Variationen. Ein Besuch lohnt sich vor allem im eher unscheinbaren Städtchen Livade.

Dort hat sich Giancarlo Zigante als „Trüffelkönig" ein riesiges Imperium erschaffen. 1999 wurde er mit einem Schlag weltweit bekannt, als er mit seiner Hündin – diese werden in Istrien traditionell statt Schweinen zur Trüffelsuche eingesetzt – den größten, je gefundenen weißen Trüffel aus der Erde buddelte.

Der Pilz der besonderen Art wog 1,3 Kilogramm. Zigante bekam für ihn nicht nur umgerechnet 5000 Euro, sondern auch einen Eintrag ins Guinness-Buch der Rekorde. In Livade befindet sich mittlerweile nicht nur ein riesiges Restaurant, sondern auch ein

Die süße Kremšnita (Cremeschnitte) ist fest mit einem Besuch in Samobor verbunden.

Shop mit verschiedensten Trüffelerzeugnissen. **GPS 45.35505, 13.829377**

Kroatien – Samobor

Das kleine, rund 20 Kilometer westlich von Zagreb gelegene Städtchen Samobor hat ein besonderes kulinarisches Aushängeschild zu bieten: die Kremšnita.

Und ja: Die Kroaten haben das deutsche Wort für die luftige Vanillecreme, die sich zwischen zwei knusprige, aus Blätterteig bestehende Gebäckschnitten zwängt, schon vor geraumer Zeit in ihren Sprachschatz aufgenommen. Lediglich die Schreibweise ist für deutschsprachige Betrachter durchaus gewöhnungsbedürftig.

Die Leckerei – die in Samobor Königin aller Torten genannt wird – bekommt man in den verschiedenen Cafés, die sich in Reih und Glied an den zentralen Platz Trg Kralja Tomislava schmiegen. Im Februar 2021 hat die süße Köstlichkeit übrigens den Status eines immateriellen Kulturgutes erhalten. Damit wurde die Kremšnita offiziell in das Register des geschützten Kulturerbes der Republik Kroatien eingetragen.

Das Originalrezept wurde in den 1920er Jahren vom Konditor Đuro Lukačić erstellt, der sie bis 1966 zubereitete und danach bei ihrer Herstellung assistierte. Zwei Konditorinnen – Višnja Vukmanović und Branka Žganjer – übermittelten das Originalrezept an die „Kavana Livadić“ und die Konditorei „U prolazu“, die Träger des immateriellem Kulturguts sind.

Fisch, Fleisch oder auch Kartoffeln und Gemüse – es gibt nichts, was in der traditionellen Peka nicht gelingt.

Gut gesättigt lohnt sich im Anschluss ein Spaziergang durch die hübschen Gassen der erstaunlich gut erhaltenen, barocken Innenstadt. Nahezu alle Bauten stammen aus dem 18. Jahrhundert. Hervorzuheben sind das Franziskanerkloster und das Stadtmuseum. **GPS 45.802032, 15.709921**

Kroatien – Lubenice

Die Insel Cres zeichnet sich vor allem durch den abrupten Wechsel zwischen ihren 248 Kilometern Küste und den steil aufragenden Bergen aus, die immerhin bis über 600 Meter reichen. Hier liegen auch einige überaus sehenswerte Dörfer, die einen Abstecher lohnen. Dies gilt vor allem für Lubenice.

Das Bergdörfchen mit seinen heute nur noch knapp 40 Einwohnern ist auf einem 378 Meter hohen Felssporn erbaut worden. Die Auffahrt könnte den einen oder anderen allerdings an seine fahrerischen Grenzen bringen. Dies ist der abenteuerlichen, weil sehr schmalen und teilweise äußerst steilen Straße geschuldet. Oben angekommen, mutet der Besuch dann wie eine ausgiebige Reise in die Vergangenheit an. Bei einem Spaziergang durch die nur zwei existierenden Gassen wartet man förmlich darauf, in irgendeine mittelalterliche Szenerie zu geraten.

Hier kann man sich kulinarisch mit Peka stärken. Der Begriff bezeichnet allerdings die Zubereitungsart und nicht das eigentliche Gericht. Das Besondere: Gemüse mit Fleisch oder Fisch kommt auf eine große Platte, die unter einer gusseisernen Glocke in der Glut einer Feuerstelle für mehrere Stunden gegart wird.

Lubenice wurde tatsächlich schon vor rund 2000 Jahren von den Römern erbaut. Man betritt es durch ein steinernes Eingangstor und passiert ausschließlich alte Häuser aus Stein mit hübschen Gewölben, aber auch gleich zwei winzigen Kirchen.

Spanferkel in großen Grills gehört auf dem Balkan vielerorts zum Straßenbild.

Imposant ist ein Blick von der Wehrmauer auf die einladende Bucht fast senkrecht darunter.

GPS 44.88872, 14.33118

Kroatien – Tisno

Ein ganzes Spanferkel zu grillen ist immer ein besonderes Erlebnis – sowohl für den Grillmeister, als auch die späteren Esser, schließlich ist das Fleisch des 15 bis 20 Kilogramm schweren Jungtieres optimalerweise hell, zart und mit Knusperkruste versehen.

Obwohl diese Speise natürlich nicht ausschließlich auf dem Balkan gegessen wird, schafft sie es in diese Auswahl, denn hier liebt man sie förmlich. In Kroatien ist es eines der typischen Silvesteressen, und längst nicht nur entlang von touristischen Straßen entlang der Adria sieht und riecht man die sich auf einem Spieß über Feuer drehenden Schweinchen schon von Weitem. In Istrien gibt es sogar eine gut acht Kilometer lange Straße, an der sich ein Restaurant an das andere reiht – jeweils mit den typischen großen blechernen Grills am Straßenrand. Sie befindet sich zwischen den Orten Kloštar und Flengi, ein paar Kilometer landeinwärts von Vrsar und nahe des Limski-Kanals.

Das Restaurant Kapela in Tisno befindet sich dagegen im Norden Dalmatiens und kann mit seiner Aussicht auf einen Kreisverkehr zwar nicht optisch punkten – dafür aber mit der

Austern werden in Kroatien nur an zwei Orten gezüchtet – und am besten auch gleich dort verkostet.

Qualität seiner Spanferkel, die hier mit Pommes und Salat auf den Teller kommen. Die Qualität scheint sich in den vergangenen Jahren vor allem bei Motorradreisenden herumgesprochen zu haben, denn neben Einheimischen sitzen meist sie auf der Terrasse.

Ein weiterer Pluspunkt ist die Lage: Zwischen Zadar und Split gelegen, ist es quasi auch das Eingangstor für einen Abstecher auf die Insel Murter.

GPS 43.808123,15.701475

Kroatien – Pelješac

Fans von Austern haben es in Kroatien nicht leicht. Obwohl die Küste mehr als 2000 Kilometer lang ist und das Land mehr als 1000 Inseln sein Eigen nennt, werden Liebhaber dieser kulinarischen Spezialität aus geologischen Gründen nur an zwei Stellen im ganzen Land fündig. Lediglich am Limski Kanal in Istrien und in Pelješac, der Halbinsel in Süddalmatien, ist die Aufzucht dieser speziellen Muschelart aufgrund der lokalen Beindgungen und der Wasserqualität möglich.

Im Prinzip bieten alle Restaurants in Pelješac tagesfrische Produkte zu Schnäppchenpreisen an. Trotzdem müssen die kroatischen Schalentiere den Vergleich zu den Artgenossen aus Südfrankreich oder Übersee nicht scheuen. Die beste Auswahl ist im Örtchen Ston zu finden.

Die Halbinsel lohnt grundsätzlich eine nähere Erkundung. Vor allem den zwei Ortsteilen Mali und Veliki Ston (kleines und großes Ston) sollte man seine Aufwartung machen. Sie sind mit einer 5,5 Kilometer langen Mauer verbunden, die einen sofort an das chinesische Pendant erinnert.

Die leckeren Ćevapčići sind so ziemlich jedem Balkan-Reisenden bekannt.

Laut den Tourismusverantwortlichen vor Ort handelt es sich dabei um die zweitlängste Mauer der Welt. Recherchen konnten dies zwar nicht verifizieren, aber zumindest gilt es als erwiesen, dass es sich um die längste Stadtmauer innerhalb Europas handelt. Seit einigen Jahren ist sie auch für Touristen (gegen Eintrittsgebühr) wieder zugänglich. Errichtet wurde sie im 14. Jahrhundert, um das Territorium vor Feinden zu schützen. Grund dafür waren die Salinen, die bis heute Salz aus dem Meerwasser gewinnen und zu jener Zeit ein Garant für Reichtum waren. **GPS 42.846438,17.704704**

Bosnien und Herzegowina – Mostar

Von keiner Grillplatte der Balkanrestaurants im deutschsprachigen Gebiet wegzudenken sind die kleinen gegrillten Fleischröllchen mit der lustigen Schreibweise. Auf dem Balkan bekommt man sie eigentlich überall. Im Prinzip handelt es sich bei ihnen aber um eine regionale Fast-Food-Variante. In Buden werden sie meist mit Lepinje (Fladenbrot), Zwiebeln, Ajvar (Paprika-Auberginen-Aufstrich) und Kajmak (Milch-Sahne-Rahm) serviert.

Die Frage, welche Nation sie tatsächlich erfunden hat, sollte man sich eigentlich schenken, da die Beantwortung locker zu Tumulten führen könnte. Historiker gehen davon aus, dass die zwischen fünf und zehn Zentimeter langen Fleischröllchen ihren Ursprung in Persien haben und durch die Osmanen auf dem Balkan eingeführt wurden. Je nachdem, wo man sie isst, heißen sie übrigens auch unterschiedlich. So bezeichnen Slowenen und Kroaten sie als Ćevapi, in den übrigen ehemaligen Staaten Jugoslawiens werden sie dagegen Ćevapčići gennant. Beides ist wohl dem türkischen Kebab entlehnt.

Im Gegensatz zu den deutschen Frikadellen fehlt in der Balkanvariante das eingeweichte Brot. Als Fleisch wird meist eine Kombination aus Rind- und Lamm-, mitunter auch Schweinehack verwendet. Es wird viel darüber philosophiert, welche Zutaten wirklich hineingehören. Dabei unterscheiden sich die Rezepte von einem Koch zum anderen – und auch von Stadt zu Stadt.

Wo gibt's die Besten? Probiert es aus! Wir fanden jene im Kulluk in der Altstadt von Mostar vorzüglich.

GPS 43.33874, 17.81827

Bosnien und Herzegowina – Jablanica

Lamm am Spieß hat in ganz Bosnien und Herzegowina eine lange Tradition – wenig verwunderlich, schließlich sind fast die Hälfte der Einwohner Muslime. Da Schwein bei Anhängern dieser Glaubensgruppe bekannterweise tabu ist, greifen sie alternativ gerne zu Speisen mit den kleinen Jungschafen. So kommt es, dass man bei Fahrten entlang der Landstraßen immer wieder auf Restaurants stößt, in denen sie auf dem Grill vor der Türe zubereitet werden.

Besonders die Stadt Jablanica und ihr Umland – zwischen Sarajevo und Mostar gelegen – gelten als Hochburg für gegrilltes Lamm am Spieß. Wir empfehlen besonders gerne das Restoran Bagrem in Jablanica, da die Qualität der Lämmer hier wirklich hoch ist.

Der Besuch der Region lohnt nicht nur aus kulinarischer Sicht. Besonders die Kilometer gen Süden machen mächtig Spaß, vor allem, weil man sich an der Umgebung kaum sattsehen kann. Schon der See Jablaničko jezero zwängt sich zwischen die sehr kargen Gebirge Čvrsnica und Prenj. Die Landschaft verengt sich bald darauf noch mehr, nur um sich schließlich in der wunderbaren Neretva-Schlucht

Freunde des Lammfleischs werden vor allem in Bosnien und Herzegowina schnell fündig.

Köstlicher Grünkohl wird in Montenegro gerne auch mit Rippchen oder Hammelfleisch serviert.

(Neretva klisura) endlich auszubreiten.

Diese Schlucht bietet deshalb ein so grandioses Panorama, weil sich die umgebenden Gipfel auf Höhen von über 2100 Meter befinden. Die Straße führt für Kilometer ganz dicht am Fluss entlang, sodass man das tiefblaue Wasser in der wildromantischen Schlucht, das zu jeder Jahreszeit ganz zauberhaft glitzert, bestens beobachten kann. **GPS 43.685058, 17.795581**

Montenegro – Njegusi

Aus dem Staunen kommt man in dieser Ecke des östlichen Mittelmeers gleich aus mehreren Gründen nicht mehr heraus. Wenn es mal eine Prachtstraße für Motorradfahrer in Montenegro gibt, dann ist es die Verbindung über die R-1 von Kotor nach Cetinje. Der Einstieg in die insgesamt 46 wundervollen Kilometer beginnt fast auf Meereshöhe im Zentrum von Kotor, direkt an der berühmten gleichnamigen Bucht. Wer nicht aufpasst, landet allerdings im Tunnel der M-1 und muss Umwege in Kauf nehmen.

21 Kilometer, rund 900 Höhenmeter und 16 teilweise extrem enge Kehren später darf man sich eine erste kleine Pause gönnen – an einem atemberaubenden Aussichtspunkt. Der Blick auf die Bucht verschafft dabei eine optische Täuschung. Wer auf den neben der Bucht liegenden „Tafelberg" schaut und dabei das Gewässer im Auge behält, wird denken, die Welt sei schief. Ist sie natürlich nicht, das Auge spielt einem einen Streich. Ein Kuriosum.

Nur ein paar Schwünge später darf abermals angehalten werden: diesmal an der Nevjesta Jadrana (die Braut des Meeres). Und in diesem Restaurant dürften wohl nicht nur norddeutsche Zeitgenossen große Augen bekommen, denn serviert wird die Nationalspeise der Montenegriner. Was auf der Karte noch unverständlich als Raštan bezeichnet wird, entpuppt sich auf dem Teller als Grünkohl. Zwar nicht mit Pinkel, aber ebenfalls mit Kartoffeln sowie geräucherter Wurst. Als Variante bekommt man es in anderen Örtlichkeiten auch mit Rippchen oder Hammel. **GPS 42.4197, 18.79458**

Albanien – Elbasan

Albanien ist ein kleinbäuerliches Land und hat sich gerade dadurch eine ganze Menge kulinarische Tradition bewahren können. Neben griechischen Einflüssen kommen aber auch osmanische und einige italienische Nuancen auf die Teller.

Traditionell kocht man in Albanien mit allem, was der eigene Hof so hergibt. Daher sind die wichtigsten Grundlagen diverse Gemüsesorten, wie Auberginen, Spinat, Paprika und Tomaten. Dazu kommen hauptsächlich Kartoffeln und manchmal auch Fleisch.

In Restaurants kann man grundsätzlich ganz hervorragend speisen. Eines der beliebtesten Gerichte heißt Tavë Elbasani und ist ein Kartoffelauflauf, der ein wenig an Moussaka erinnert. Hinein kommen Schafs- oder Lammfleisch, dazu eine gewürzte Soße, die aus Dickmilch oder Joghurt sowie Eiern besteht. Benannt ist die Spezialität nach der Stadt Elbasan in Mittelalbanien, wo die Speise ihren Ursprung haben soll.

Mittlerweile finden immer mehr Reisende den Weg hierher, was sich auch für die Einwohner der ehemaligen Industriestadt erfreulich auswirkt. Die Infrastruktur hat sich immens verbessert. Wir empfehlen die urige Taverna Kala innerhalb der alten Stadtmauern.

Am flachen Nordufer des Shkumbin-Flusses gelegen, der eine wichtige Verbindung von Albaniens Küste zum Inneren des Balkans darstellt, wird die Stadt von der Küste lediglich durch die niedrigen Hügel der Dumreja getrennt. Im Norden erheben sich die Krraba-Berge. Der gleichnamige Pass führt nach Tirana und ist wie gemacht für Motorradfahrer.

GPS 41.113239,20.0818

Tavë Elbasani ist ein besonders schmackhafter Auflauf aus der albanischen Küche.

Das Tor **zum Balkan**

Von den Bergen bis ans Meer – ein Traum für jeden Motorradurlaub. Im kleinen Slowenien, dem Tor zum Balkan, kann man ihn sich erfüllen. In gerade einmal einer Tagesetappe.

Auf einem 139 Meter hohen Felsen über dem Bleder See thront Sloweniens älteste Burg.

TOUREN-STECKBRIEF

START- UND ZIELORT

Begunje (46.366, 14.20284)
Portorož (45.509235,13.597217)

STRECKENLÄNGE

ca. 270 km

DAUER DER TOUR

1 Tag

ROADBOOK

Begunje, Bled, Krnica, Pokljuka, Bohinjska Bistrica, Bohinjsko Sedlo, Zali Log, Cerkno, Žiri, Idrija, Godovič, Črni Vrh, Col, Podkraj, Planina, Ribnica, Koper, Izola, Piran, Portorož

HIGHLIGHTS

Diese Tour beeindruckt mit ihrer grandiosen Streckenführung, die von vielen Kurven und manch einem Offroad-Abstecher geprägt ist. Pässefans kommen auf dem Bohinjsko Sedlo (46.24122, 14.01008) und dem Godovič (45.91397, 14.03016) auf ihre Kosten. An der Adria angekommen lohnt sich ein Bummel durch das wunderschöne Piran (45.519555,13.568322).

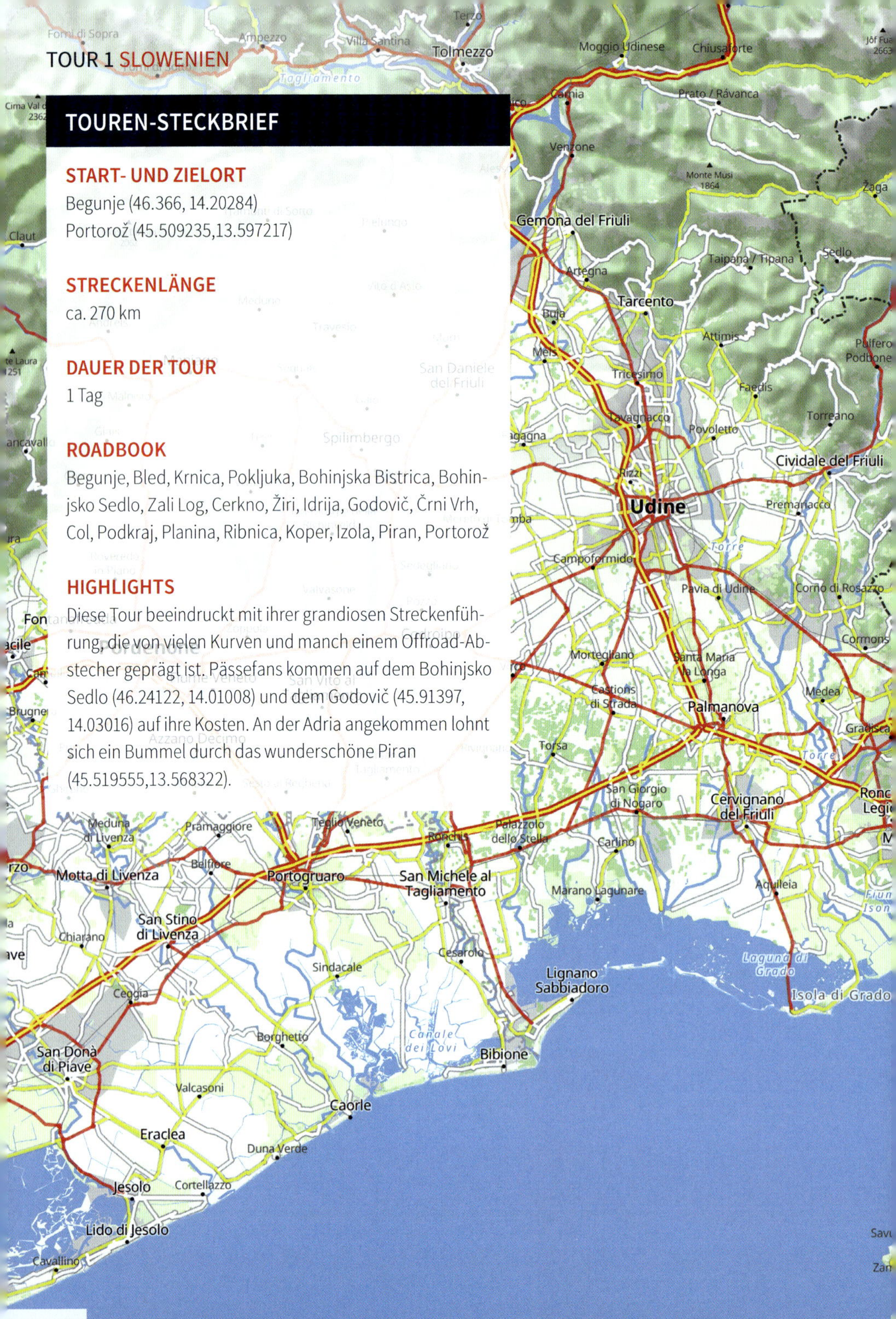

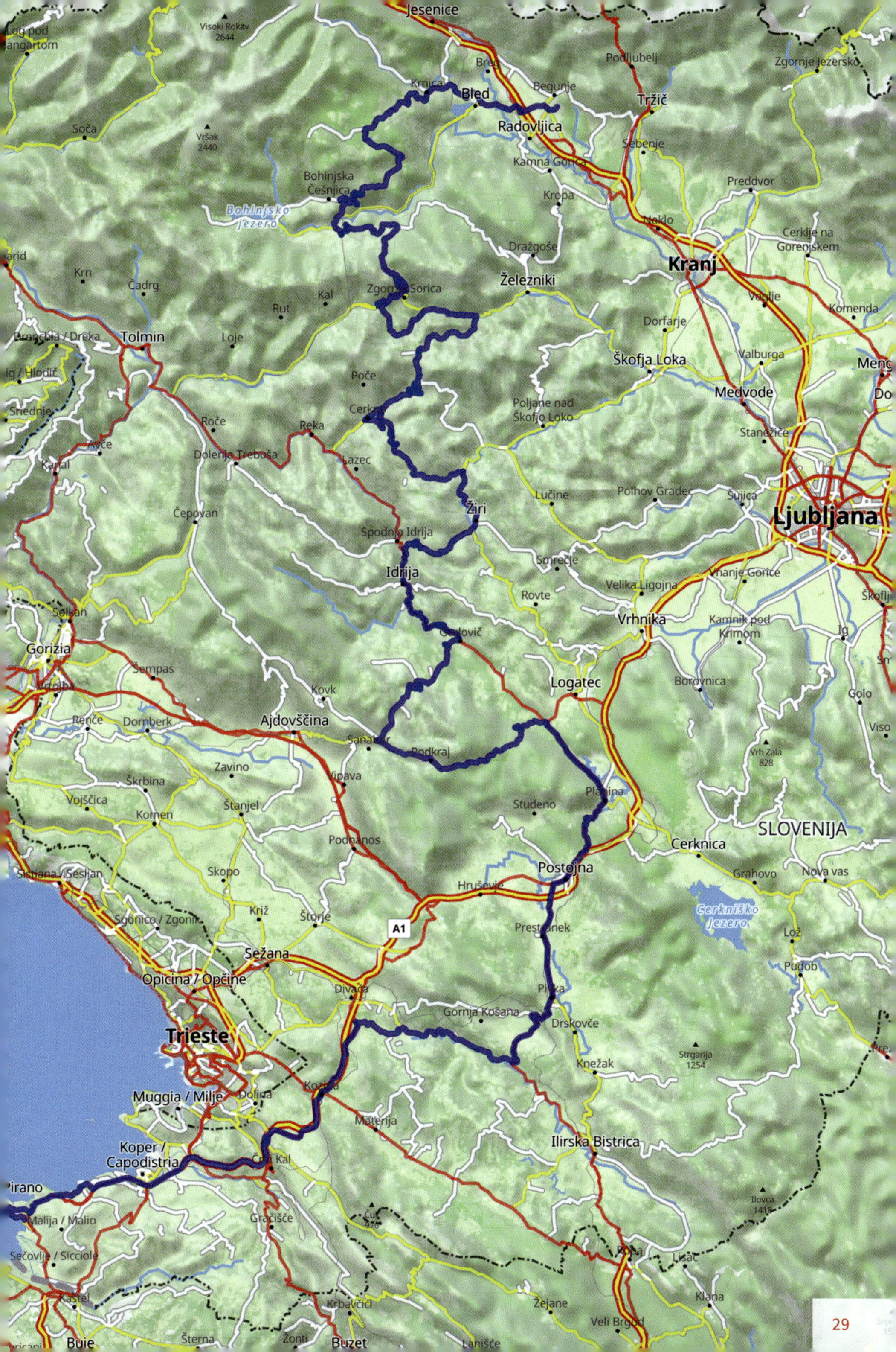

Jesenice
Bled
Begunje
Radovljica
Podljubelj
Zgornje Jezersko
Tržič
Krnica
Breg
Kamna Gorica
Kropa
Sebenje
Preddvor
Naklo
Kranj
Cerklje na Gorenjskem
Bohinjska Češnjica
Bohinjsko jezero
Visoki Rokav 2644
Vršak 2440
Soča
Dražgoše
Železniki
Zgornja Sorica
Krn
Čadrg
Kal
Rut
Tolmin
Loje
Dorfarje
Škofja Loka
Voglje
Komenda
Valburga
Medvode
Poče
Poljane nad Škofjo Loko
Roče
Reka
Dolenja Trebuša
Lazec
Kanal
Avče
Čepovan
Lučine
Polhov Gradec
Šujica
Ljubljana
Žiri
Spodnja Idrija
Idrija
Smrečje
Rovte
Velika Ligojna
Vrhnika
Vnanje Gorice
Solkan
Gorizia
Šempas
Godovič
Kamnik pod Krimom
Ig
Logatec
Borovnica
Kovk
Renče
Dornberk
Ajdovščina
Podkraj
Golo
Vrh Zala 828
Zavino
Vipava
Škrbina
Vojščica
Komen
Štanjel
Studeno
Planina
SLOVENIJA
Podnanos
Cerknica
Grahovo
Nova vas
Skopo
Postojna
Hruševje
Cerkniško jezero
Sgonico / Zgonik
Križ
Štorje
A1
Prestranek
Lož
Sežana
Pudob
Opicina / Opčine
Divača
Pivka
Trieste
Gornja Košana
Drskovče
Knežak
Strgarija 1254
Muggia / Milje
Dolina
Materija
Koper / Capodistria
Črni Kal
Ilirska Bistrica
Ilovca 1418
Malija / Malio
Gračišče
Sečovlje / Sicciole
Rupa
Lisac
Kaštel
Krbavčići
Klana
Žejane
Veli Brgud
Buje
Šterna
Buzet
Lanišće

Die Skulptur des Zlatorog, der mythischen Gämse, steht am Bohinjer See im Nationalpark Triglav.

Das geht ja gleich mal richtig gut los. Kaum ist man aufgebrochen, um von Begunje aus die slowenische Adria anzusteuern, da sollte man auch schon wieder abbremsen. Grund dafür ist der Bleder See. Das wohl meist fotografierte Motiv dieses kleinen Landes, das schon zum Balkan gehört, auch wenn die Einwohner dies üblicherweise vehement abstreiten.

Der See ist absolut malerisch gelegen. Im Südwesten erheben sich majestätisch die Gipfel des Triglav Nationalparks, davor noch das Pokljuka Hochplateau. Und mitten im rund anderthalb Quadratkilometer großen Gewässer liegt eine kleine Insel, auf der einsam eine hübsche Marienkirche ihren Turm in den alpinen Himmel reckt. Ein wunderbares Schauspiel ist es, den Skippern dabei zuzuschauen, wie sie Touristen mit ihren charakteristischen Holzbooten, den Pletni, zur Marieninsel schippern.

Tolle Aussichten von oben

Es gibt viele Punkte, an denen ein Blick auf oder über den See lohnt. Eine der schönsten Aussichten lässt sich sicher von der Burg erhaschen, die auf einer steil abfallenden Felswand hoch über dem Gewässer thront – und das in irgendeiner Form schon seit über tausend Jahren!

Die jetzige Ausbaustufe stammt aber eher aus dem 16. bis 18. Jahrhundert, nachdem zwei Erdbeben dem Bauwerk arg zugesetzt hatten. Schön gemacht ist auch die Ausgestaltung der

Anlage. Mittelalterliche Handwerkskunst wird vorgeführt und feilgeboten, ein Café lädt zu einer Verschnaufpause mit genialem Ausblick ein.

Dennoch sollte man sich irgendwann losreißen, wollen doch noch etliche Kilometer Strecke gefahren werden. Das kleine Krnica ist der Ausgangspunkt für die 905, die sich an den Osthängen des Triglav Nationalparks emporwindet. Die Strecke ist ein Traum für jeden Motorradfahrer, der alpine Straßen zu schätzen weiß.

Naturstraßen-Labyrinth

In einem denkwürdigen Kurvenfeuerwerk geht es zur Hochebene Pokljuka hinauf. Schotterfans könnten sich hier oben auch austoben. Das große Biathlonzentrum auf der Höhe markiert das Ende asphaltierter Wege und den Beginn eines Naturstraßen-Labyrinths. Hier könnte man sich tagelang austoben.

Doch für diese Route bleibt man auf der 905. Auch keine schlechte Entscheidung, denn der abwärts führen-

Einen genialen Ausblick auf den Bleder See genießt man von der Burg aus.

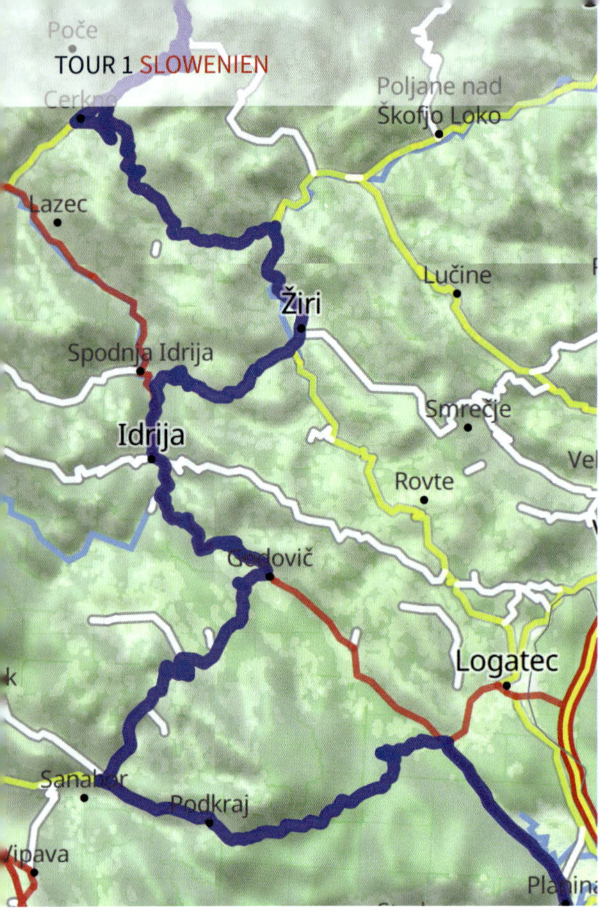

de Verlauf steht der vorangegangenen Auffahrt in nichts nach.

Ein paar abschließende, enge Kehren und Bohinjska Bistrica ist erreicht.

Ganz in der Nähe würde ein weiteres Gewässer in malerischer Umgebung locken. Noch reizvoller ist aber die steile Auffahrt zum 1277 Meter hohen Bohinjsko Sedlo. Immer wieder erhascht man durch die meist dicht stehenden Bäume einen Blick zurück ins Tal.

Auf der Südrampe kann man zügig rollen lassen; sie präsentiert sich in einem guten Zustand. Unser Vorschlag: Folgt der Abfahrt nur bis zur etwa halben Höhe und schwenkt dann auf den kleinen Höhenweg ab, der nach Petrovo Brdo führt.

Zum nächsten Highlight

Hier nimmt man die 403, stürzt sich in ein paar atemberaubenden Serpentinen den Berg hinab und rollt dann nach Zali Log aus. Für eine Verschnaufpause bleibt kaum Zeit. Mit dem Abzweig auf die 912 wartet schon das nächste Highlight der slowenischen Streckenvielfalt. Sie schlüpft hier zwischen den eng aufragenden Hügel-

Der Scheitel des slowenischen Alpenpasses Bohinjsko Sedlo auf 1277 Meter Höhe.

Toller Asphalt und wenig Verkehr. So begeistern Sloweniens Nebenstraßen.

kuppen hindurch, die kaum Platz für eine zweispurige Fahrbahn nebst parallel verlaufendem Gebirgsbach lassen.

Die Davča gibt denn auch den munter schwingenden Verlauf dieses Abschnitts vor. Einige Kilometer geht das, dann verabschiedet sich das Asphaltband vom Gewässer und setzt zum Schwung ins Skigebiet von Cerkno an. Das liegt auf gut 1000 Metern. Und weil diese Höhe über die kommenden fünf Kilometer halbiert wird, kann man sich den bevorstehenden Verlauf selbst ausmalen. Jedenfalls haben die Straßenbauer alle Möglichkeiten schwungvoller Serpentinen dafür genutzt.

Mit der 210 steht dann auch schon die nächste Kurvenorgie bereit. Es geht hier Schlag auf Schlag, und besonders hier zeigt sich der slowenische Asphalt von seiner griffigsten Seite. Noch ist nicht einmal die Hälfte Tagespensums geschafft, dennoch hat man sich bereits schwindelig gefahren. Auf diesen Strecken herrscht auch kaum Verkehr, was die Freude gleich noch einmal verstärkt. Ist ja nicht so, als ob es derlei Strecken nicht auch anderswo gäbe. Nur sind die meistens zugestopft mit anderen Verkehrsteilnehmern.

Durch Wälder und Wiesen

In Žiri angekommen, hat einen die Zivilisation wieder. Doch nur für kurze Zeit trüben wenig erbauliche Gewerbegebäude den Blick. Dann geht es auf der 610 schon wieder abwechslungsreich durch Wälder und Wiesen. Ein letzter Höhenzug ist noch zu überwinden. Das übernehmen acht in immer kürzeren Abständen auftretende

Idrija stellt den Übergang zwischen den slowenischen Alpen und dem Karstgebiet dar.

Kehren. Schließlich ist das Tal der Idrijca erreicht – und wenig später dann auch Idrija.

Die Gemeinde war 2011 Alpenstadt des Jahres. Wer die Geschichte des Ortes kennt, wird mit zwiespältigen Gefühlen hierher reisen. Gut 500 Jahre lang wurde hier Quecksilber in der bis zu ihrer Schließung zweitgrößten Mine der Welt abgebaut. Das bescherte vielen zwar Lohn und Brot, aber angesichts der Arbeitsbedingungen zu einem hohen Preis.

Missbildungen und Nervenerkrankungen waren die einige Jahrhunderte lang die „Nebenwirkungen" des wirtschaftlichen Erfolgs. Erst mit Beginn des 19. Jahrhunderts besserten sich die Umstände.

Interessante Parallelkultur

Reichlich Hintergrundwissen zu Quecksilber, seinem Wert und seinem Abbau in der Region vermittelt das Museum in der Burg Gewerkenegg, die über der Stadt thront. In einer zweiten Ausstellung widmet sich das Museum aber einem deutlich hübscheren Thema: der Klöppelei. Wie in vielen Bergbaustädten weltweit entwickelte sich auch in Idrija eine Parallelkul-

AUTOREN-TIPP

POSTOJNA-HÖHLEN Bei ihnen handelt es sich um das zweitgrößte erschlossene Höhlensystem der Welt. Von den 24 Kilometern Länge, die bis dato erfasst sind, können gerade mal ein Fünftel besichtigt werden, das meiste davon mit einer Art Bergwerkszug. Ein spannendes Erlebnis!
www.postojnska-jama.eu/de

tur. Auf der einen Seite die „schmutzige“ Arbeit in der Mine, auf der anderen Seite die feine Spitzenherstellung durch die klöppelnden Frauen, die ihre Techniken über drei Jahrhunderte verfeinerten.

Idrija stellt auch den Übergang zwischen den slowenischen Alpen und dem Karstgebiet dar, das sich Richtung Süden anschließt. Dies bedeutet aber keinesfalls, dass es nun mit der Kurvenherrlichkeit vorbei wäre. Im Gegenteil. Immer wieder leuchtet ein Grinsen unterm Helm auf, wenn erneut schmucke Kehrenkombinationen die Fahrt versüßen.

Ein besonderes Highlight stellt die Fahrt auf der in Godovič abzweigenden 207 dar. Diese Strecke führt über das Dorf Črni Vrh nach Col. Die Kehren zum leider nicht beschilderten Godovič Pass sind zwar gut ausgebaut, werden nach oben hin aber immer enger und drehen sogar auf über 180 Grad ein.

Um sich nicht umgewöhnen zu müssen, sind für den Nachmittag gleich wieder Kurven angesagt. Über die 621 und 409 soll es nach Postojna gehen. Kleiner Tipp am Rande: Naturstraßen-Fans dürfen abkürzen. Da

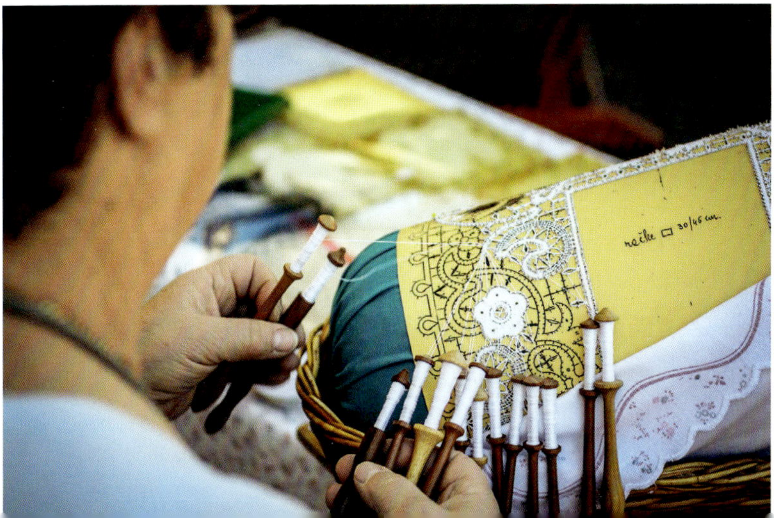

Die Tradition des Klöppelns wird in Idrija bis heute gepflegt.

Die farbenfrohe Marina von Izola.

verpassen sie zwar einige tolle Kurvenkombinationen, erschaffen sich aber sicher ihr eigenes Abenteuer.

An den letzten Häusern der Ortschaft Podkraj zweigt rechts ein zunächst noch asphaltierter, aber schon hier nurmehr einspuriger Fahrweg ohne Namen ab. Spätestens dort, wo der Asphalt in Naturbelag übergeht, geben die meisten Navis auf. Bei unserer Erstbefahrung haben wir den weiteren Weg nach Bukovje mittels Kompass ermittelt. Und uns gewundert, warum mir ausgerechnet hier ein paar dicke Holztransporter begegnen müssen. Ist halt ein Nutzwald hier in der Gegend …

Wenn das Navi aufgibt, muss der Kompass ran.

Richtung Küste

Es ist aber auch auf Asphalt schön, den Weg nach Postojna zu genießen. Die 621 ist echter Swing. Dann folgt eine Ruhepause auf der 409, bevor diese sich bei Planina auch wieder zu einer Schlange verwindet, um uns schlussendlich vor den Toren der berühmten Postojna-Höhlen zu entlassen.

Hier beginnt der Schlussspurt Richtung Küste. Dazu folgt man der gut ausgebauten 6 südwärts bis nach Ribnica. Zwischendurch herrscht ungläubiges Kopfschütteln angesichts des Museums zur Militärgeschichte, das mit einem Panzer am Wegesrand unübersehbar auf sich aufmerksam macht. Es ist eine noch junge Sammlung von Waffensystem zu Lande, zu Wasser und in der Luft, die aus verschiedenen Konflikten stammen: dem Zweiten Weltkrieg, dem Kalten Krieg sowie dem Slowenischen Unabhängigkeitskrieg von 1991.

Dem Lauf der Reka westwärts folgend setzt man dann ganz knapp vor der italienischen Grenze Kurs auf Koper – und damit auf die slowenische Adria. Mag die Altstadt auch ganz hübsch sein, die Umgebung ist es leider nicht. Dazu ist dem wichtigsten (und einzig nennenswerten) Hafen des Landes seine wirtschaftliche Bedeutung zu sehr anzusehen. Viel hübscher präsentiert sich da das benachbarte Izola mit seiner farbenfrohen Marina.

Abstecher nach Piran

Die unbestrittene Perle der slowenischen Küste ist und beleibt aber Piran. Schade nur, dass wir mit unseren Motorrädern draußen bleiben müssen – wie die meisten Fahrzeuge. Zufahrt wird nur einigen Bewohnern mit Sondergenehmigung gewährt sowie Lieferanten. Gästen aber nur zum kurzen Check-in in einem der kleinen Hotels in der venezianisch geprägten Altstadt. Geparkt wird draußen vor den Toren.

Wer aber etwa in Portorož übernachtet, der kann mit Bus oder Shuttle nach Piran fahren, um sich selbst ein Bild von der eindrucksvollen Schönheit dieser auch künstlerisch interes-

Piran ist die Perle der slowenischen Adria.

santen Stadt zu machen. Schließlich dreht sich in ihr vieles um den Geiger Giuseppe Tartini, der hier geboren wurde.

Zum Gemeindegebiet von Piran gehören auch die weitläufigen Salinen, die sich an der kroatischen Grenze erstrecken. Seit Jahrhunderten wird hier, in den nördlichsten noch bewirtschafteten Salinen des Mittelmeerraums, Salz gewonnen.

Schließlich ist das Ziel erreicht: Portorož mit seiner komplett auf Tourismus eingestellten Infrastruktur. Auch wenn der Ort selbst keine Schönheit ist, so hat ein Blick übers Meer doch immer etwas Beruhigendes. ◀

Die nördlichsten noch bewirtschafteten Salinen des Mittelmeeerraums.

INFOS ZUR TOUR

CHARAKTERISTIK

Nach knapp 270 Kilometern ist die slowenische Küste von den Karawankenausläufern aus erreicht, gut 290 sind es bis zum Ziel in Portorož. Die Strecke weist keine größeren Schwierigkeiten auf, erfordert aber einiges an Kondition. Die Vielzahl der Kurven, Kehren und Serpentinen findet man kaum anderswo auf so engen Raum. Die Route führt zumeist über Nebenstrecken, ist jedoch durchgehend asphaltiert, die Alternativen für Fans loseren Untergrunds sind im Text beschrieben. Dann muss aber auch mehr Zeit für die Gesamtstrecke eingeplant werden.

PÄSSE DER TOUR

Bohinjsko Sedlo (46.24122, 14.01008)	1277 m
Godovič Pass (45.91397, 14.03016	852 m

ÜBERNACHTUNG

Lambergh Château & Hotel

Das Hotel liegt direkt hinter dem Karawankentunnel an den ersten Autobahnabfahrten auf slowenischer Seite. Wer den Tunnel zur Anreise nutzt, muss neben der dort fälligen Extramaut noch eine slowenische Vignette erstehen. Alternativ nimmt man aus westlicher Richtung kommend den Wurzenpass oder aus Norden den Loiblpass. Letzterer ist für eine Anreise mit Anhänger ungeeignet.

www.hotel-lambergh.com/de

GPS 46.366, 14.20284

Remisens Hotel Lucija

Gutes Mittelklasse-Hotel mit sicheren Parkmöglichkeiten und eigenem Restaurant in Portorož.

www.remisens.com/de/hotel-lucija

GPS 45.509235,13.597217

Hotel Marko

Das gemütlich ausgestattete Haus empfängt seine Gäste in einem Gebäude aus dem 19. Jahrhundert. Geräumige Zimmer, gutes Restaurant.

www.hotel-marko.si

GPS 45.513762,13.586462

KOMBINATIONSMÖGLICHKEITEN

Weiter nach Zagreb (Tour 2) oder Bihać (Tour 6).

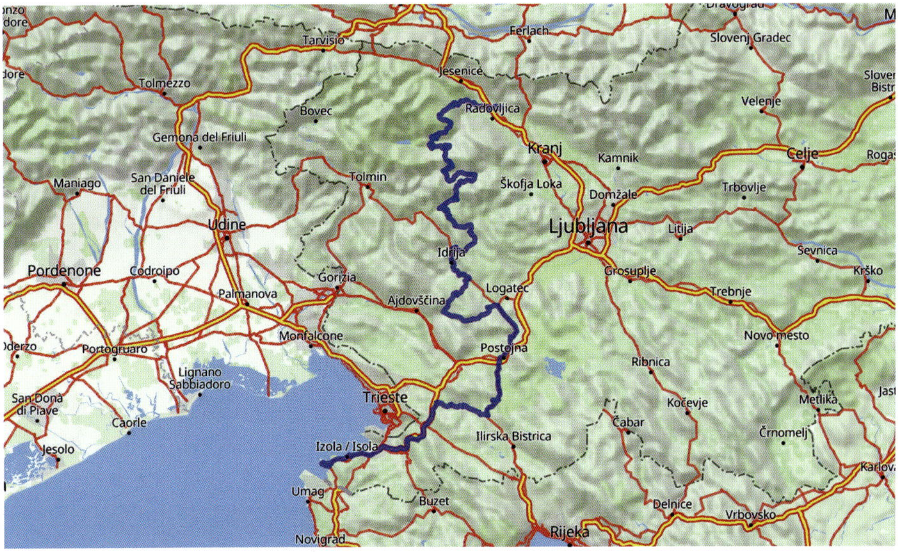

Sloweniens Hauptstadt

Eine jugendliche Hauptstadt, mit viel Historie. So präsentiert sich Ljubljana, Sloweniens Hauptstadt, die landessprachlich die „Geliebte“ heißt.

Die Dreierbrücke des Architekten Jože Plečnik bei Nacht.

Auf einem Berg – mit mächtigem Alpenpanorama im Rücken – thront die schon weithin sichtbare Burg von Ljubljana, der Hauptstadt Slowenien. Zu ihren Füßen plätschert der Fluss und die pittoreske Altstadt lädt zum Verweilen ein.

Wer sich den beschwerlichen Aufstieg per pedes ersparen möchten, kann die **Standsteilbahn** nutzen, die die Höhendifferenz von knapp 70 Metern in nicht einmal einer Minute überwindet. Hinunter sollten Besucher aber doch auf eigenen Füßen gehen, da ihnen sonst so manch reizvolle Gasse entgehen würde. Zunächst erreicht man den **Gornji trg** (deutsch: Oberer Platz), der automatisch zum **Stari trg** (Alter Platz) hinunterführt.

Gemeinsam werden diese beiden Areale auch als **Mestni trg** (Stadtplatz) bezeichnet und markieren den ältesten, bereits im Mittelalter angelegten Teil Ljubljanas. Einige Steinhäuser aus dieser Ursprungszeit sind bis heute erhalten geblieben und werden bewohnt, allerdings dominieren die „Neubauten“ aus dem 17. und 18. Jahrhundert, die sehr viel Atmosphäre und barocken Charme versprühen.

Grundsätzlich ist ein Samstag für einen Bummel ideal. Vormittags sollte man dem malerischen Marktplatz (**Glavna tržnica**), der von Sloweniens wichtigstem Architekten Jože Plečnik entworfen wurde, einen Besuch abzustatten. Genau wie die Einwohner auch, deckt man sich hier bei den Händlern mit frischem Obst, Gemüse und dem einen oder anderen traditionellen Gewürz ein.

SPEZIALITÄTEN Sehr empfehlenswert sind auch die vielen slowenischen Spezialitäten, wie der Prosciutto aus dem Karstgebiet oder die Süßspeise Potica, die hier angeboten werden. Der Platz wurde zwischen 1940 und 1944 als eine Reihe von Markthallen, die sich auf zwei Etagen entlang des Flusses ziehen, gestaltet.

TREFFPUNKT Später wechselt man über die schöne Dreierbrücke (**Tromostovje**) die Uferseite, um zur imposanten und ganz in Rosa gehaltenen Franziskanerkirche am **Prešernov trg** zu gelangen. Namensgeber des wichtigsten Treffpunkts Ljubljanas ist France Prešeren, der überlebensgroß von einem Podest auf „seinen" Platz hinunterblickt. Der große Nationaldichter ersann einst das Trinklied „Zdravljica", dessen siebte Strophe zu allen offiziellen Anlässen lauthals als Nationalhymne zum besten gegeben wird.

Bei gutem Wetter tobt das Leben in den Straßen und Parks der Stadt.

GASTRONOMIE Sobald es Abend wird, sollte man sich einen Platz in einer Außengastronomie in der Altstadt – oder direkt an der Uferpromenade – suchen. Bei einem leckeren Glas slowenischen Weißweins kann man die Flirtversuche der Jugend fröhlich vor sich hinlächelnd genießen und über die schönste Sache der Welt, die Liebe sinnieren. Diese spielt in Ljubljana sowieso eine Hauptrolle, schließlich gilt sie als „Geliebte der slowenischen Nation". So wird zumindest gerne der Name (ljubljena heißt die Geliebte) gedeutet. **www.visitljubljana.com**

Flirtversuche in Sloweniens Stadt der Liebe.

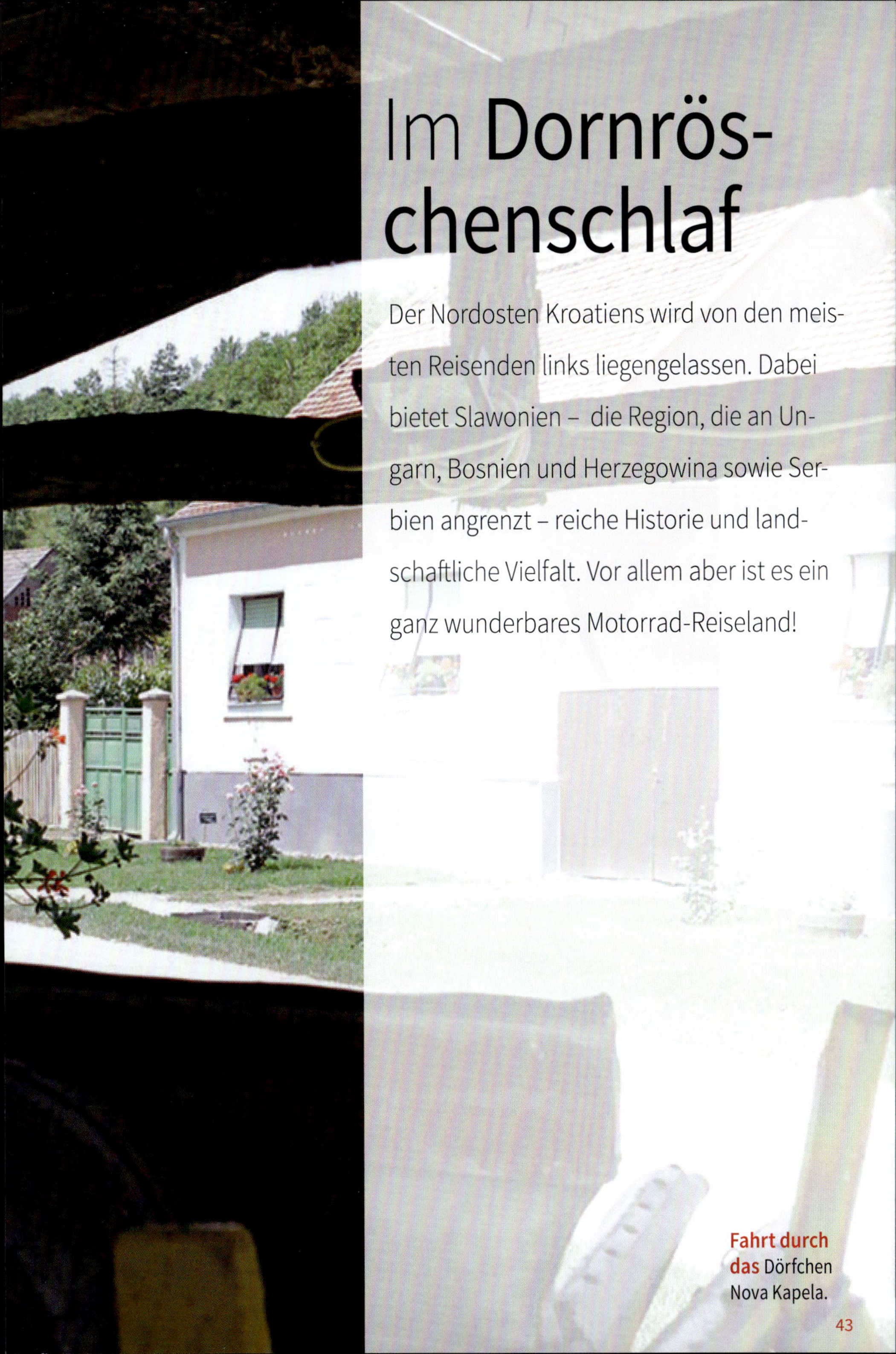

Im Dornröschenschlaf

Der Nordosten Kroatiens wird von den meisten Reisenden links liegengelassen. Dabei bietet Slawonien – die Region, die an Ungarn, Bosnien und Herzegowina sowie Serbien angrenzt – reiche Historie und landschaftliche Vielfalt. Vor allem aber ist es ein ganz wunderbares Motorrad-Reiseland!

Fahrt durch das Dörfchen Nova Kapela.

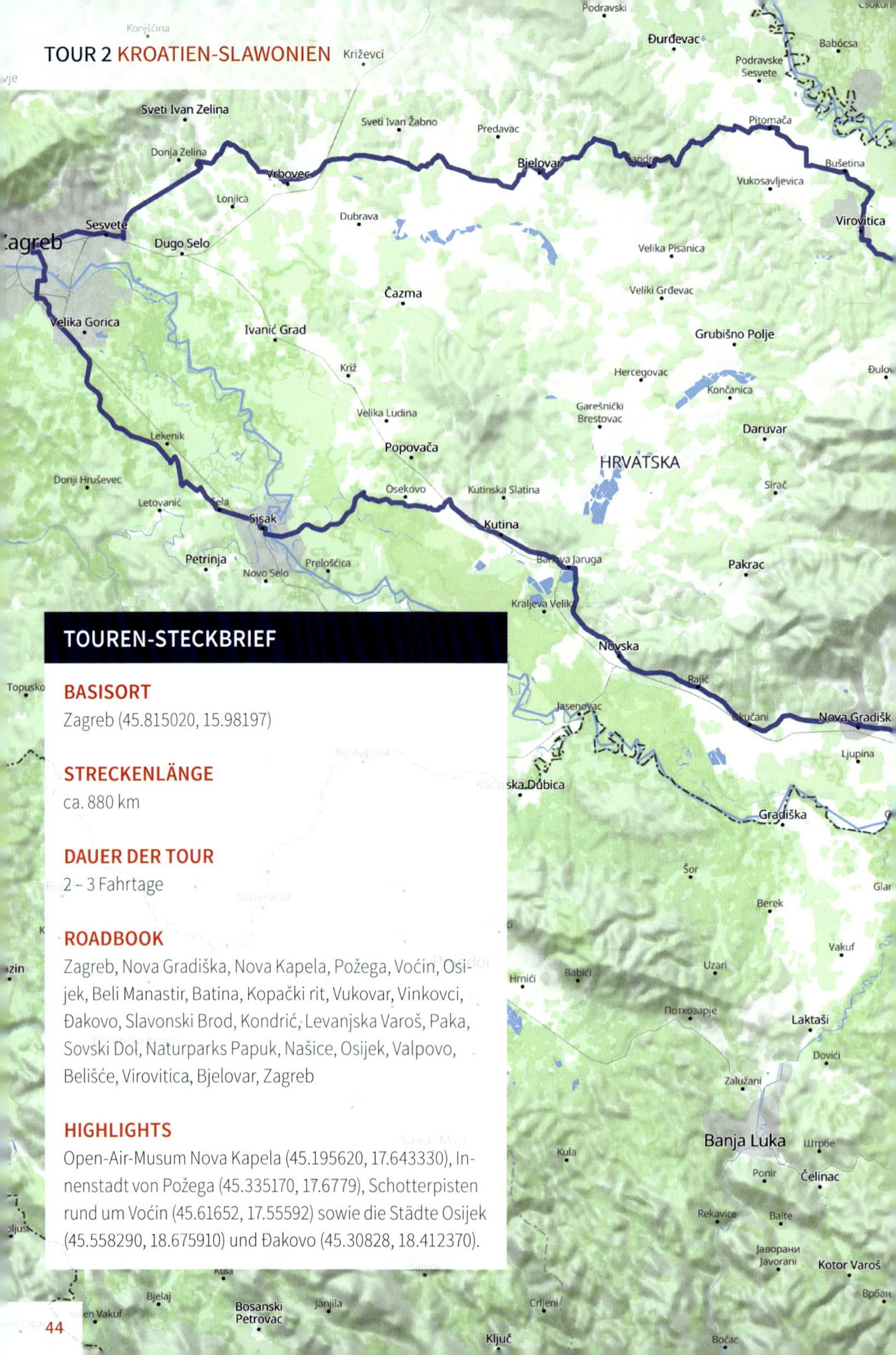

TOUREN-STECKBRIEF

BASISORT

Zagreb (45.815020, 15.98197)

STRECKENLÄNGE

ca. 880 km

DAUER DER TOUR

2 – 3 Fahrtage

ROADBOOK

Zagreb, Nova Gradiška, Nova Kapela, Požega, Voćin, Osijek, Beli Manastir, Batina, Kopački rit, Vukovar, Vinkovci, Đakovo, Slavonski Brod, Kondrić, Levanjska Varoš, Paka, Sovski Dol, Naturparks Papuk, Našice, Osijek, Valpovo, Belišće, Virovitica, Bjelovar, Zagreb

HIGHLIGHTS

Open-Air-Musum Nova Kapela (45.195620, 17.643330), Innenstadt von Požega (45.335170, 17.6779), Schotterpisten rund um Voćin (45.61652, 17.55592) sowie die Städte Osijek (45.558290, 18.675910) und Đakovo (45.30828, 18.412370).

Kálmáncsa
Szigetvár
Szentlőrinc
Pellérd
Pécs
Nagykozár
Nagybaracska
Királyegyháza
Darány
Kétújfalu
Görcsöny
Pogány
Szalánta
Újpetre
Bóly
Mohács
Dávod
Kölked
Hercegszántó
Majs
Sellye
Vajszló
Felsőszentmárton
Harkány
Villány
Бездан
Bezdan
Drávaszabolcs
Popovac
Бачки Моноштор
Bački Monoštor
Podravska Moslavina
Beremend
Beli Manastir
Kneževi Vinogradi
Cabuna
Čađavica
Donji Miholjac
Купусина
Kupusina
Rakitovica
Slatina
Bistrinci
Jagodnjak
Апатин
Apatin
Nova Bukovica
Valpovo
Ćeralije
Darda
Čačinci
Bizovac
Josipovac
Đurđenovac
Koška
Osijek
Jelisavac
Orahovica
Čepin
Bijelo Brdo
Našice
Tenja
Ivanovac
Velika
European route E 73
Vetovo
Kutjevo
Bobota
Borovo
Jakšić
Požega
Nuštar
Vukovar
Đakovo
Pleternica
Stari Mikanovci
Ivankovo
Vinkovci
Negoslavci
Strizivojna
Rokovci
Batrina
Garčin
Donji Andrijevci
Cerna
Privlaka
Oriovac
Slavonski Brod
Gundinci
Gradište
Otok
Babina Greda
Slavonski Kobaš
Donji Svilaj
Županja
Šumeće
Zbořište
Šamac
Domaljevac
Orašje
European route E 70 (Croatia)
Donja Lepenica
Odžak
Bok
Vidovice
Vrbanja
Derventa
Modriča
Rajevo Selo
Drenovci
Pelagićevo
Gradačac
Prnjavor
Brčko
Kotorsko
Bijela
Stanari
Костајница
Doboj
Čelić
Komin
Gračanica
Srebrenik
Ugljevik
Jelah
Šije
Petrovo
Lopare
Tešanj
Teslić
Kosova
Koraj
Teočak-Krstac
Sižje
Maglaj
Lukavac
Tuzla
Bare

Eingezwängt zwischen Serbien und Ungarn, nach dem Ende Jugoslawiens durch den neuen Staat Bosnien und Herzegowina von der Adria abgeschnitten, scheint Slawonien touristisch im Dornröschenschlaf zu schlummern. Dies liegt auch daran, dass es mit Slowenien oder der Slowakei verwechselt wird. Die lange Anreise tut ihr Übriges: Stattliche 800 Kilometer gilt es alleine von München aus zu bewältigen. Doch der Aufwand lohnt sich. Versprochen!

Puszta und Gebirge

Der Fluss Drau bildet eine weitgehend natürlich Grenze zu Ungarn, die Donau schottet das Gebiet nach Osten und damit Serbien ab und die Sava sorgt für den Abstand zum bosnisch-herzegowinischen Territorium. Dazwischen erstreckt sich über weite Teile Slawoniens die pannonische Tiefebene – Puszta-Region, wie sie Reisende sonst aus Ungarn kennen – dazwischen aber immer wieder unterbrochen von einem zarten Mittelgebirge (Bilogora-Gebirge), dessen Gipfel annähernd 1000 Meter in die Höhe ragen. Diese Landschaftsbeschreibung verdeutlicht, warum das Gebiet es so schwer hat, sich als Reiseziel für Pauschalurlauber zu etablieren.

Östlich von Nova Kapela erstrecken sich die Gipfel des Bilogora-Gebirges.

Hübsche Kirche bei Nova Gradiška, dem westlichen Tor Slawoniens.

Kroatien, das steht nun einmal für Adria und kilometerlange Küste. Das war schon zu Titos Zeiten so und hat sich bis heute kaum geändert. Doch Motorradreisende möchten ja gerne Neues entdecken: Und hier werden sie fündig. Wer einmal Anlauf nimmt und den Aufbruch ins Unbekannte wagt, der wird auch belohnt werden.

Die schnelle Anreise erfolgt von Zagreb aus auf der nur wenig frequentierte Autobahn: In gut zweieinhalb Stunden ist Osijek, die Hauptstadt Slawoniens, auf ihr bereits erreicht. Sehr viel schöner ist natürlich die Fahrt über Land. Hier heißt das erste Etappenziel Nova Gradiška. Das Städtchen gilt als das westliche Tor zu Slawonien.

Jüngste Stadt des Landes

Seine Besonderheit: Erst zur Mitte des 18. Jahrhunderts gegründet, ist es eine der jüngsten Städte des Landes überhaupt. Über den barocken Kern hinaus, der ein sehenswertes kleines Zentrum bildet, war die Stadt über

Das slawonische Dorf Nova Kapela ist ein Open-Air-Museum.

Jahrzehnte abhängig von der Metallindustrie. Nach den Zerstörungen des Bürgerkriegs ist davon nicht mehr viel geblieben.

Heute werden Möbel gefertigt und darüber hinaus viel Malz für belgische Großbrauereien. Es gibt nur ein nennenswertes Hotel am Platze: nett gelegen am Baum bestandenen Zentralplatz. Die Zimmer sind riesig, das Abendessen schmackhaft und der Parkplatz sicher.

Nova Kapela, ein typisch slawonisches Dorf, in dem die Lebensweise vom Ende des 19. Jahrhunderts Besuchern in einer Art Open Air Museum verdeutlicht werden soll, ist der nächste Halt, bevor auf dem weiteren Weg gen Nordosten dann ein erstes fahrerischen Highlight wartet. Hier beginnt der südliche Teil des Bilogora-Gebirges, in dem sich die Straßen in herrlichen Kurven winden.

Rennbahn von Glavica

Ein Kaffeestopp bietet sich in Požega an, da dessen zentraler Platz als eines der schönsten Innenstadtensembles in ganz Kroatien gilt. Hier reihen sich nicht nur Cafés wie Perlenschnüre aneinander, sondern Kulturfans können auch die Heiliggeistkirche, das Franziskanerkloster, das Rathaus sowie die Pestsäule aus dem Jahr 1749 in diesem Ensemble bewundern. Die Rennbahn

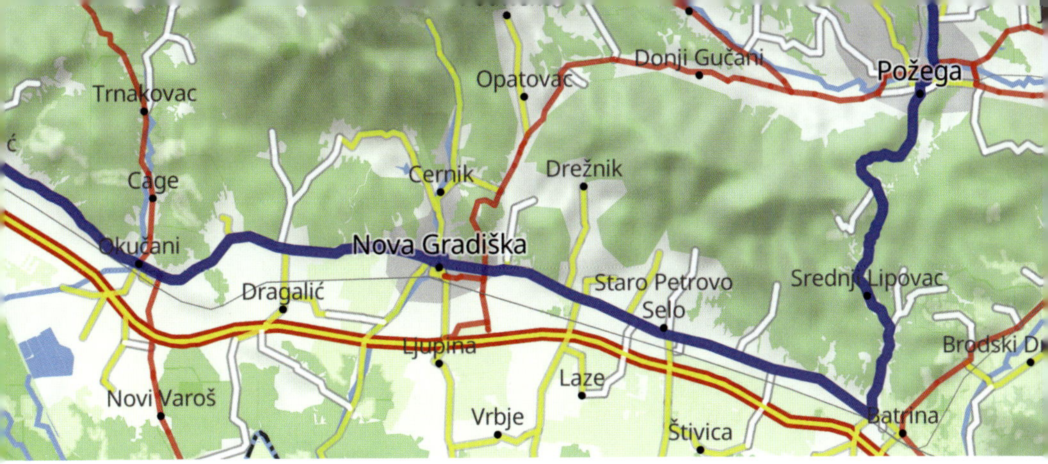

von Glavica liegt etwas außerhalb und dürfte aufgrund der jährlich im Sommer ausgetragenen Motorradrennen Fans ein Begriff sein.

In dieser Region kommen auch Schotterfans – ganz legal – auf ihre Kosten. Wer sich abseits der roten Hauptstraßen auf die mittelgroßen gelben Pfade wagt, wird schnell feststellen, dass gut ausgebaute Wege sich hier gerne in ausgewaschene und ausgefahrene Schotterpisten verwandeln. Besonders viele kann man im Naturschutzpark Papukgebirge auf dem Weg nach Voćin ausprobieren.

Auf dem weiteren Weg gen Osten bauen sich dann richtige Berge vor einem auf, die Straßen folgen weiter in allerlei Schwüngen ihren Formen. Endlose Wälder ziehen rechts und links an einem vorbei: stundenlang. Allerdings durchquert man dabei auch allerlei „Geisterdörfer" – Überbleibsel des Bruderkrieges, der in dieser Region zwar nur relativ kurz, dafür umso heftiger zwischen den Jahren 1992 und 1993 wütete.

Serbische Enklaven

Der Großteil der Gebäude in diesen Dörfern ist zerstört. Aus den Häusern wachsen Bäume und doch gibt es neben den verfallenen Gemäuern auch neue Häuser. Diese sind bis auf den Putz fertiggestellt und dennoch unbewohnt. Die Erklärung: Es handelt sich

Nicht nur auf den Straßen im Drautal ist die Polizei präsent.

um serbische Enklaven. Der neue Staat Kroatien hat nach den Kriegswirren jene Neubauten als Reparationsleistungen aufgestellt, doch die ursprünglichen Bewohner sind niemals zurückgekehrt.

In diesem Teil Slawoniens kratzen die Berge dicht an der 1000 Meter Marke. Umliegende Straßen schaffen schon mal mehr als die Hälfte dieser Höhe. Aber diese Werte sind es nicht, die hier zählen. Es ist der schiere Spaß an flüssigem Fahren, bergauf, bergab, rechts herum, links herum, stundenlang. Erst nach etlichen Kilometern hört das Vergnügen auf.

Zwischen Drau und Donau

Kurz vor Osijek ändert sich die Landschaft dann dramatisch. Man rollt ins Drautal und damit abermals in eine an die Puszta erinnernde Region. Osijek, die altehrwürdige Metropole zwischen Drava und Dunav (Drau und Donau) – ist eine perfekte Basis für verschiedenste Tagestouren auf einem solchen Slawonien-Trip. Die Infrastruktur ist bestens und die Verständigung, wie überhaupt in weiten Teilen Slawoniens, wenig problematisch, denn viele Menschen sprechen hier exzellentes Deutsch.

Um das fruchtbare, aber durch ständige Kriege im Grenzbereich zum Osmanischen Reich stets unruhige Gebiet zu stabilisieren, wurden Siedler aus der gesamten Habsburger Monarchie und auch Tausende der so genannten Donauschwaben ins Land geholt. Es existiert bis heute eine offiziell anerkannte Minderheit (etwa 3 000

AUTOREN-TIPP

In Slawonien kann man auch einen Wellness-Tag einlegen – und zwar in **BIZOVAC** (GPS 45.58147, 18.46162). In den 1970er Jahren wurde in der Region nach Erdöl gesucht. Dieses fanden die Geologen zwar nicht, dafür stießen sie in einer Tiefe von etwa 2 000 Metern auf 96°C heißes Wasser. Das war der Beginn des Thermalbads

Bizovačke toplice, in dem man heute bestens entspannen kann. Außen- und Innenpools, kulinarische Leckereien und auf Wunsch auch Massagen können von den Besuchern genutzt werden. **www.bizovacke-toplice.hr**

Auf dem Marktplatz von Osijek geht es stilvoll zu.

Menschen). Zudem waren viele Slawonen teils für Jahrzehnte als Gastarbeiter in Deutschland tätig.

Auch die zentrale Lage prädestiniert Osijek als sehr guten Ausgangspunkt für weitere Erkundungstouren. Die Stadt selbst ist freilich aber auch mehr als sehenswert. Mindestens einen halben fahrfreien Tag sollte man für Erkundungstouren einplanen, denn die Stadt lässt sich am besten zu Fuß erkunden.

Kirchenbau in Rekordzeit

Der eigentliche wirtschaftliche Aufschwung Osijeks begann im 17. Jahrhundert: Ober- und Unterstadt (Gornji und Donji grad) wurden gegründet, ein Jahrhundert später folgte – vor allem durch den Zuzug der Donauschwaben – die Neustadt (Novi grad). In der Oberstadt thront ein weithin sichtbarer, gut 90 Meter hoher Backsteinbau, der innerhalb von nur vier Jahren zwischen 1894 und 1898 gebaut wurde und von den Osijekern Strossmayer-Kathedrale genannt wurde.

Eine Kathedrale ist die Kirche allerdings nicht, denn der Bischofssitz von Slawonien befindet sich im rund 40 Kilometer entfernten Đakovo, das im weiteren Verlauf Teil dieser Tour sein wird. Bei dem deutschstämmigen Bischof Josip Jury Strossmayer handelte es sich um einen der einflussreichsten Theologen, aber auch Politiker im Kroatien des 19. Jahrhunderts. Seiner Geburtsstadt Osijek wollte er mit die-

sem Gotteshaus ein besonderes Geschenk machen.

Auch die Uferpromenade der Stadt zeigt sich pittoresk und steht rein optisch Vergleichbarem an den Küsten in nichts nach. Hier kann man sogar ganz entspannt flanieren, ohne von Souvenirverkäufern unentwegt belästigt zu werden. Selbst einen Sprung ins kühle Nass kann man wagen: Im örtlichen Freibad Kopika, von den Einwohnern liebevoll „Copacabana" genannt, schwimmt man statt in der salzigen Adria in der süßen Drau.

Kurz hinter Batina erreicht man schon die Grenze nach Serbien.

Nordöstlichster Zipfel

Erneut fahrend entdecken sollte man das Dreiländereck Baranja: Kroatiens nordöstlichsten Zipfel. Dazu folgt man der Drava nordwestwärts Richtung ungarische Grenze bis nach Beli Manastir. Hier zeigt sich wieder die Puszta, allerdings mit Mücken satt! Die kleinen Biester sind vor allem in den heißen Sommermonaten eine echte Plage. Daher unbedingt an entsprechenden Mückenschutz denken. Landwirtschaft prägt diese Region: Es ist die Kornkammer des Landes und entsprechend langweilig: aber nur für kurze Zeit.

Nach einem kurzen Schwenk in Richtung Osten geht es erneut durch wunderbare Hügellandschaften. Hier tauchen auch die ersten Weinreben auf. Dies wird auch durch die passenden Schilder ersichtlich, auf der „vinska cesta“ (Weinstraße) steht. Insbesondere die Rebsorte Graševina wird hier kultiviert: Der Weißwein aus dieser Ecke des Landes ist der beliebteste (und meist verkaufte) in ganz Kroatien.

Wenig später ist die Donau – und mit ihr die Grenze zu Serbien – erreicht. Eine Brücke verbindet hier seit 1974 die Grenzstädte Batina (Kroatien) und das am anderen Ufer liegende Bezdan (Serbien). Sie symbolisiert heute die Verbindung zwischen den im Bürgerkrieg so hart aneinandergeratenen Völkern. Wer mag, kann über sie einen Abstecher nach Serbien unternehmen, lediglich das Mitführen eines gültigen Personalausweises und der Grünen Versicherungskarte fürs Motorrad ist für die Einreise mittlerweile notwendig.

Hoch über der Donau und dem Grenzort Batina thront das Denkmal der Roten Armee.

Eine Alternative ist der Besuch des 29 Meter hohen Denkmals, das an die „Schlacht von Batina" im Jahre 1944 erinnert. Slawoniens strategische Bedeutung für die Verkehrsrouten an Donau, Drava und Sava hat über Jahrhunderte eine Spur der Verwüstung hinterlassen.

Im Zweiten Weltkrieg waren sie besonders groß. In jenem Jahr besiegten jugoslawische Truppen hier in Kooperation mit der sowjetischen Rote Armee die deutschen Nationalsozialisten. Das Denkmal stammt vom kroatischen Bildhauer Antun Augustinčić. Beeinflusst von Rodin und in Anlehnung an klassizistische Tradition schuf der Künstler zahlreiche Denkmäler, darunter das Reiterstandbild „Frieden", das sich heute vor dem New Yorker UNO-Gebäude befindet.

Eine von Titos Sommerresidenzen, Schloss Tikveš, dient heute als Herberge der besonderen Art .

Riesiges Sumpfgebiet

Auf dem Rückweg nach Osijek lohnt sich ein Abstecher in den Naturpark Kopački rit, einem der größten und wichtigsten Sumpfgebiete in Europa. Gut 260 Vogelarten sind hier ganzjährig ansässig, darunter Adler, Störche, Wildenten, Wildgänse, Silberreiher, Wasserhühner, Krähen und Spechte. Und in den Gewässern tummeln sich reichlich Fische.

Verborgen im Inneren des Parks liegt ein Ort, der wie so viele andere in Ex-Jugoslawien auch eine enge Verbindung zu Tito aufweist: das von den Habsburgern erbaute Schloss Tikveš. Der Marschall nutzte das Gebäude gerne, um Staatsgäste inmitten beruhigender Natur zu empfangen. Und natürlich, um zu angeln. Das nach den Kriegswirren restaurierte Gebäude ist heute eine der ungewöhnlichsten Herbergen Slawoniens; im Restaurant lassen sich die Fischspezialitäten kosten.

Auf dem anderen Schwenk dieser Tour gilt es, von Osijek aus den Süden Slawoniens zu erkunden. Nahe der serbischen Grenze liegt Vukovar: Traurige Berühmtheit erlangte die Stadt aufgrund der ethnischen Säuberungen, die während und nach den gut sechs Monaten andauernden Kriegshandlungen von der Jugoslawischen Volksarmee an Kroaten und anderen Nicht-Serben vollzogen wurden. Die Region um die Stadt war während des Jugoslawienkrieges das am stärksten umkämpfte Gebiet.

Bis heute hat sich der Ort nicht vollständig von den Zerstörungen erholt. Sein halb zerschossener Wasserturm etwa ist weithin sichtbares Mahnmal dieses Wahnsinns. Gleiches gilt für den Friedhof, auf dem zu Ehren der unzähligen Toten ein monumentales Denkmal steht. Vukovar macht in weiten Teilen den Eindruck einer Geisterstadt, was aber auch an der Tatsache liegt, dass die verbliebenen Serben

Die Gedenkstätte für die unzähligen Toten von Vukovar befindet sich auf dem Stadtfriedhof.

und Kroaten deutlich voneinander getrennt bleiben.

Schon die Schulen unterrichten entweder Kroatisch mit lateinischer Schrift oder Serbisch mit kyrillischen Schriftzeichen. Die meisten öffentlichen Einrichtungen am Ort sind bis heute explizit serbisch oder kroatisch. Vor den Toren Vukovars diente die Scheune eines Bauernhofs als Konzentrationslager. Das hier entstande-

ne Museum ist beeindruckend, kann zartbesaitete Besucher aber auch ziemlich mitnehmen.

Weingebiet um Đakovo

Der Weg über Vinkovci nach Đakovo ist bestens dazu geeignet, den Kopf wieder frei zu bekommen von solch düsteren Bildern, führt er doch erneut durch ein wunderbares Weingebiet. In Đakovo, einem gut 800 Jahre alten Ort und Sitz des katholischen Erzbistums Đakovo-Osijek, gehört ein Besuch der berühmten St. Peter Kathedrale unbedingt dazu. Auch deren Grundstein ließ jener berühmte Sohn Osijeks, Bischof Josip Juraj Strossmayer, legen. Nach nur knapp 16 Jahren war der neoromanische Backsteinbau im Jahre 1882 vollendet. Sehenswert ist vor allem der Innenraum.

Bevor es abermals zurück nach Osijek geht, könnte man mit einem südwestlichen Schwenk in Slavonski Brod die Grenze zu Bosnien-Herzegowina touchieren. Die Stadt liegt am Nord-

Blick auf Batina, das sich an die Donau schmiegt.

Kleiner Schotterabstecher im Papuk-Gebirge.

ufer der Save, welche hier die Staatsgrenze bildet. Am Südufer befindet sich die schon zu Bosnien gehörende Nachbarstadt Bosanski Brod.

Als fahrerisch sehr viel schöner und anspruchsvoller zeigt sich allerdings die Route, die über die Dörfer Kondrić und Levanjska Varoš zunächst Richtung Osten führt, bevor sie in Paka abzweigt. Auf den nächsten Kilometern windet sich die Straße etwa bis Sovski Dol beinahe gen Norden. Wenig später nimmt man dann die südlichen Ausläufer des Naturparks Papuk unter die Räder. Das geschützte Gebiet gehört zu einem weiteren sehr ansehnlichen Mittelgebirge in Slawonien. Mit der Kleinstadt Našice ist dann dessen Ende vorerst erreicht und man roll wenig spektakulär zurück nach Osijek.

Auf dem Weg zurück in Richtung Heimat – oder dem Ausgangspunkt Zagreb – sollte dann von Osijek aus abermals eine Grenzrunde,

nun immer mit Blick auf Ungarn unternommen werden: In Valpovo lädt eines der vielen slawonischen Schlösser zum Verweilen ein. Nur einen Katzensprung entfernt liegt das schmucke Städtchen Belišće, in dem zu Jugoslawien-Zeiten die größte Papierindustrie Südosteuropas ihre Heimat hatte.

Unverkennbare Nester

Die Drau ist im Anschluss für längere Zeit der Wegweiser, was zu zahlreichen Begegnungen mit großen Vögeln führt. Eine solche Menge an brütenden Störchen, malerisch auf ihre unverkennbaren Nester drapiert, bekommt man in unseren Breiten nur noch selten zu Gesicht.

Der leichte Lenkeinschlag nach links bringt einen schließlich zum nördlichen Ausläufer des bereits bekannten Bilogora-Gebirges und damit beinahe automatisch nach Virovitica. Wer sommers unterwegs ist und Sehnsucht nach einem Sprung ins kühle Nass hat, ist hier goldrichtig: Das städtische Freibad befindet sich verblüffenderweise inmitten eines von grünen Bäumen gesäumten Parkes direkt im Zentrum der Stadt.

Auch in Bjelovar sollte man sich für den Besuch des Zentrums durchaus ein wenig Zeit einplanen, denn der Kvaternik-Park gilt als einer der schönsten Parkanlagen im ganzen Land. Ihre k.u.k.-Vergangenheit kann und will die Stadt nicht verbergen, so sind die Einwohner bis heute stolz darauf, dass Maria Theresia im 18. Jahrhundert dafür gesorgt hatte, dass Bjelovar zu einer militärischen Festung innerhalb des einstigen österreichisch-ungarischen Reiches ausgebaut wurde. Mit ihr ist der Ausgangsort Zagreb dann auch bald schon wieder erreicht.

Es gibt gute Gründe, darauf zu hoffen, dass irgendwann einmal ein Prinz kommt, um Slawonien wach zu küssen und die Region endlich aus ihrem Dornröschenschlaf zu erlösen. Vielleicht kommt er dazu ja statt auf einem scheuen Pferd auf einem schicken Motorrad angeritten … ◀

INFOS ZUR TOUR

CHARAKTERISTIK

Ganz im Osten von Kroatien und begrenzt von Ungarn, Serbien sowie Bosnien und Herzegowina versteckt sich Slawonien. Obwohl Teile der Region pusztageprägt sind, ist es dennoch ein wunderbares Motorrad-Reiseland. Dies liegt auch den Straßen in und rund um das Bilogora-Gebirge, dessen Gipfel annähernd 1000 Meter in die Höhe ragen. Da Slawonien kein Ziel für die Massen ist, ist man häufig alleine unterwegs und hat auch kein Problem, spontan eine Unterkunft zu finden.

ÜBERNACHTUNG

Hotel Academia Zagreb

Lage und Ausstatung könnten für Kroatiens Hauptstadt nicht besser sein: in einem kleinen Einkaufszentrum und am Beginn der Fußgängerzone der Unterstadt. Die Zimmer sind modern, ein Parkhaus gehört zum Areal und Frühstück gibt es im Gebäude gleich nebenan.

www.hotelacademia.hr

GPS 45.819397, 15.976586

Hotel Villa Valpovo

Komfortables 4-Sterne-Haus mit sehr hilfsbreitem Personal. Tourentipps, sicherer Parkplatz.

www.villa-valpovo.hr

GPS 45.654740, 18.42633

Hotel Waldinger

Erstes 4-Sterne-Haus Osijeks mit Top-Ausstattung und zwei Restaurants. Überwachter Parkplatz im Hof.

www.waldinger.hr

GPS 45.558290, 18.675910

Merlon Pivnica

Mitten in der Altstadt von Osijek gelegen, bietet das kleine Haus äußerst charmante Zimmer und ein hoteleigenes Restaurant an.

www.merlon.hr

GPS 45.559830, 18.69601

KOMBINATIONSMÖGLICHKEITEN

Perfekt anschließen lässst sich Tour 3 (Ungarn).

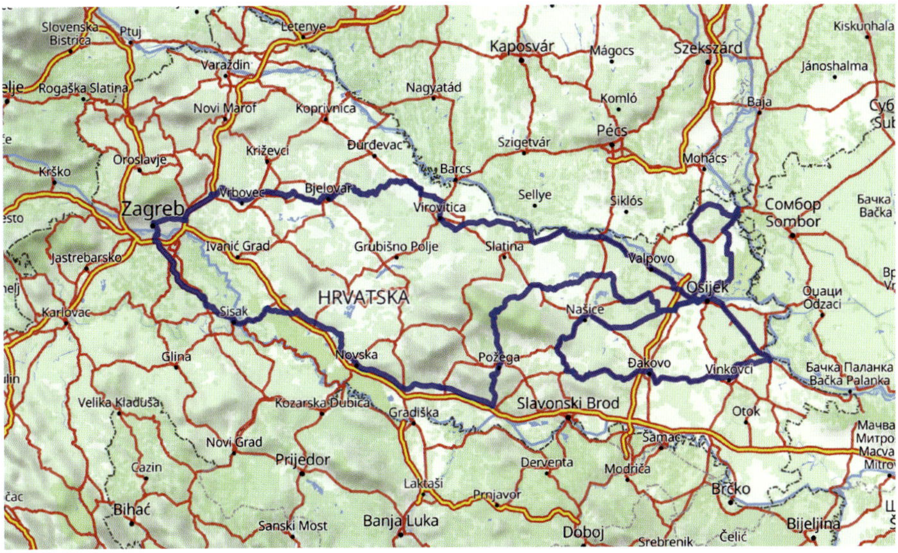

Kroatiens Hauptstadt

Zagreb liegt im zentralen Teil Kroatiens und erstreckt sich von den südlichen Hängen des Berges Medvednica bis zum Ufer des Flusses Save.

Zagreb breitet sich am Fuß des nördlich gelegenen Medvednica-Gebirges aus (oben).

Der Besuch von Großstädten ist für uns Motorradreise mitunter nicht ganz unproblematisch. Die wichtigste Frage lautet: Wohin mit dem Motorrad, während man durch die Gassen schlendert? Am einfachsten ist, sich in ein Hotel mit eigenem Parkplatz einzubuchen. Doch wer nur einen Kurzbesuch einplant, braucht einen sicheren Stellplatz.

In Zagreb empfehlen wir den **JESUITEN-PLATZ** (**Jezuitski trg** / GPS 45.81498,15.97433). Dieser liegt etwas versteckt in **Gornji Grad,** Zagrebs Oberstadt. Zur Orientierung: Kroatiens Hauptstadt mit seinen knapp über 800 000 Einwohnern, was in etwa 18,5 % der Bevölkerung Kroatiens entspricht, lässt sich grob in drei Teile einteilen.

Die Oberstadt ist die älteste und versprüht mit ihren engen Gassen noch den Hauch des Mittelalters. Dieser

Teil wurde bereits im 13. Jahrhundert planmäßig angelegt. Die Stadtmauer mit ihren ursprünglich vier Toren ist teilweise noch vorhanden. Der **Lotrščak-Turm** ist neben der **Markuskirche** die bekannteste Sehenswürdigkeit dieses Teils von Zagreb. Er diente ursprünglich als Wehrturm, denn mit dem Leuten der Glocke wurde die Schließung der Stadttore angekündigt. Auch heutzutage feiert die Kanone noch Schüsse ab: täglich einen um Punkt 12 Uhr. Touristen erschrecken sich regelmäßig und die Einheimischen schauen auf die Uhr, um deren Genauigkeit zu prüfen.

In der Oberstadt befinden sich unter anderem das **Parlamentsgebäude** und zahlreiche sehenswerte **Museen**. Nicht zu vergessen die **Kathedrale**. Mit ihren beiden 108 Meter hohen und damit weit sichtbaren Türmen gehört sie zu den höchsten Gebäuden des Landes. Seit dem 13. Jahrhundert wird sie immer wieder umgebaut wird. Ihr heutiges neugotisches Aussehen erhielt sie im 19. Jahrhundert.

DONJI GRAD Die **Unterstadt** heißt auf kroatisch **Donji Grad**. Dieser neuere Teil Zagrebs entstand vor allem im 19. Jahrhundert. Sehenswürdigkeiten sind unter anderem der **Botanische Garten**, das **Nationaltheater** und natürlich allerlei **Shoppingzentren**. Bereits im 17. Jahrhundert entstand der **Banus-Josip-Jelačić-Platz** (**Trg bana Jelačića**). Hier startet die

Zagrebs zentraler Platz Trg bana Jelačića mit dem Reiterstandbild des Nationalhelden.

USPINJAČA, eine Zahnradbahn, die Unter- und Oberstadt täglich alle zehn Minuten miteinander verbindet. Eröffnet wurde sie im Jahre 1888. Die Beförderung kostet 5 HRK, umgerechnet also knapp über 60 Cent. Die zu überwindende Distanz beträgt 66 Meter, damit ist sie die weltweit kürzeste Seilbahn. Der Bereich vom **Trg bana Jelačića** bis zum Petar-Preradović-Platz (dem sogenannten Blumenplatz oder **Cvjetni trg**) gilt einschließlich der umliegenden Straßen als Wohnzimmer Zagrebs. Hier befinden sich zahlreiche Cafés und Restaurants. Von denen gibt es übrigens reichlich: etwa 4 500, eins auf 175 Einwohner!

www.infozagreb.hr

Von der Oberstadt mit der Kathedrale (links) blickt man auf die Unterstadt (unten).

Balaton und **Berge**

Die meisten kennen von Ungarn nur den Plattensee: den Balaton – und zwar meist in Kombination mit kostengünstigem Familienurlaub. Dabei lohnen sich der See und andere Teile des weitgehend flachen Landes tatsächlich auch als Motorrad-Reiseziel.

Am Balaton vorbei auf dem Weg nach Pécs.

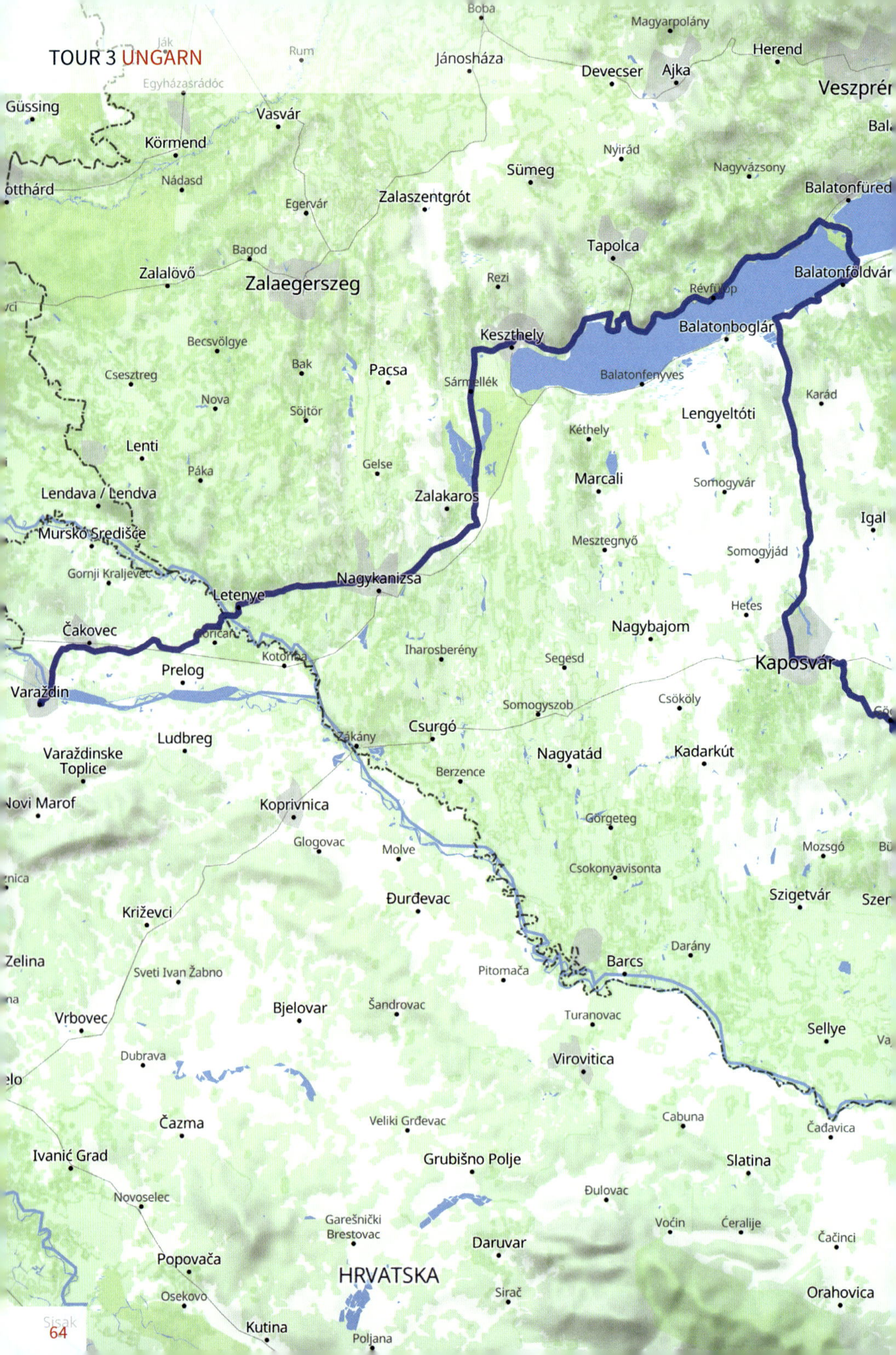
Boba
Magyarpolány
Ják
Rum
Jánosháza
Herend
Devecser
Ajka
Veszprém
Egyházasrádóc
Güssing
Vasvár
Körmend
Nyirád
Sümeg
Nagyvázsony
Nádasd
Balatonfüred
Egervár
Zalaszentgrót
Tapolca
Bagod
Zalalövő
Zalaegerszeg
Rezi
Balatonföldvár
Révfülöp
Keszthely
Balatonboglár
Becsvölgye
Bak
Pacsa
Cseszttreg
Sármellék
Balatonfenyves
Karád
Nova
Söjtör
Lengyeltóti
Kéthely
Lenti
Gelse
Páka
Marcali
Somogyvár
Lendava / Lendva
Zalakaros
Igal
Mursko Središće
Mesztegnyő
Somogyjád
Gornji Kraljevec
Nagykanizsa
Letenye
Hetes
Čakovec
Nagybajom
Kotoriba
Iharosberény
Segesd
Kaposvár
Prelog
Varaždin
Csököly
Somogyszob
Zákány
Csurgó
Ludbreg
Nagyatád
Kadarkút
Varaždinske Toplice
Berzence
Novi Marof
Koprivnica
Görgeteg
Glogovac
Molve
Mozsgó
Csokonyavisonta
Đurđevac
Szigetvár
Križevci
Darány
Zelina
Barcs
Sveti Ivan Žabno
Pitomača
Bjelovar
Šandrovac
Turanovac
Vrbovec
Sellye
Dubrava
Virovitica
Čazma
Cabuna
Veliki Grđevac
Čađavica
Ivanić Grad
Grubišno Polje
Slatina
Novoselec
Đulovac
Garešnički Brestovac
Voćin
Ćeralije
Čačinci
Daruvar
Popovača
HRVATSKA
Sirač
Orahovica
Osekovo
Kutina
Poljana
Sisak

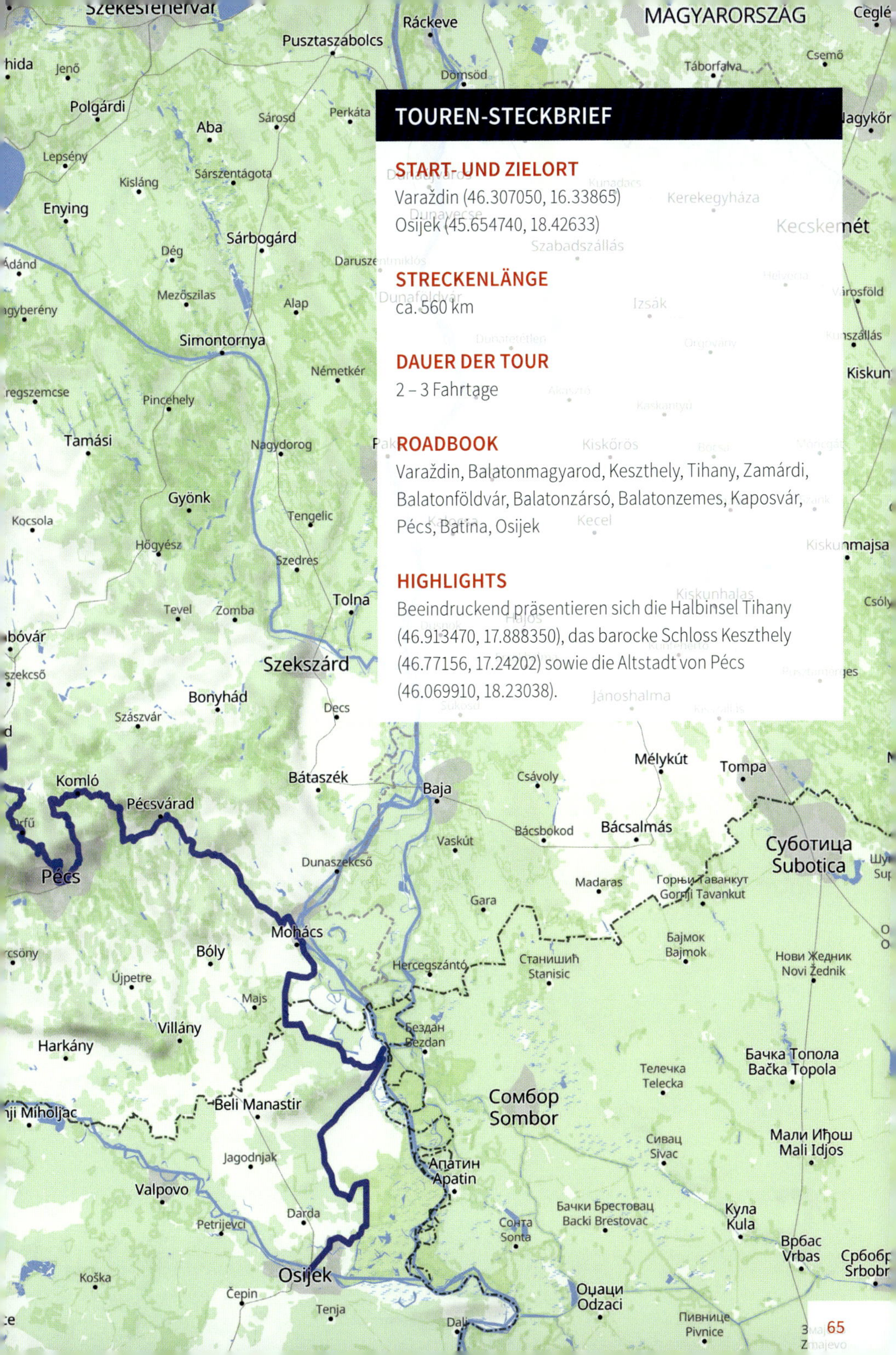

TOUREN-STECKBRIEF

START- UND ZIELORT

Varaždin (46.307050, 16.33865)
Osijek (45.654740, 18.42633)

STRECKENLÄNGE

ca. 560 km

DAUER DER TOUR

2 – 3 Fahrtage

ROADBOOK

Varaždin, Balatonmagyarod, Keszthely, Tihany, Zamárdi, Balatonföldvár, Balatonzársó, Balatonzemes, Kaposvár, Pécs, Batina, Osijek

HIGHLIGHTS

Beeindruckend präsentieren sich die Halbinsel Tihany (46.913470, 17.888350), das barocke Schloss Keszthely (46.77156, 17.24202) sowie die Altstadt von Pécs (46.069910, 18.23038).

Nicht erschrecken: Diese Ungarn-Tour beginnt und endet jeweils in Kroatien. Dies hat allerdings keineswegs politische Gründe, sondern ist schlicht der Tatsache geschuldet, dass sowohl der Ausgangsort (Varaždin) als auch der Endort (Osijek) jeweils nur einen Steinwurf von der Grenze entfernt liegen. Außerdem kann diese Tour fabelhaft mit anderen tollen Routen auf dem Balkan kombiniert werden.

Varaždin hat heute knapp 50 000 Einwohner und war zwischen 1756 und 1776 zeitweise die Hauptstadt Kroatiens. Dass sie außerdem lange zum Königreich Ungarn gehörte, prädestiniert sie nur noch mehr als Beginn. Bevor es richtig losgeht, sollte der altehrwürdigen Altstadt unbedingt ein Besuch abgestattet werden.

Die ersten Kilometer machen fast demütig: Der Norden Kroatiens ist schon nicht mit Reichtümern geseg-

Bilderbuchlandschaft am Nordufer des Balaton.

net, in Ungarns kleinen Städten und Dörfern scheint die Zeit aber seit Franz und Sissi stehengeblieben zu sein: Ärmlich ist es, bisweilen auch trostlos. Außerdem muss man sich von wohlbekannten Baustrukturen verabschieden. Der Weg zum Balaton führt über eine meist schnurgerade Straße. Rechts und links stehen Häuser, eine zweite Reihe gibt es nicht. Höchstens Schuppen und Ställe sind hinter den Wohngebäuden zu erkennen.

Wenig Menschen

Dafür lässt sich etwas anderes erkennen: Ungarns Straßennetz und Bebauungsplan müssen die Vorlage für die Besiedelung des amerikanischen Herzlandes und Mittleren Westens gewesen sein. Was den Amis ihre Main Street, ist den Ungarn ihre „utca". Und wie in Amiland auch wird die Idylle ungarischer Dörfer nur selten durch den Anblick eines Menschen gestört. Wer sich unbedingt in den Kopf gesetzt hat, die USA mal auf dem, was einst die Route 66 war, zu bereisen, der sollte vielleicht vorher mal hier in der Puszta ausprobieren, was da so auf ihn zukommt. Ist nicht so weit weg – und nicht so teuer.

Ein weiteres Argument für eine Ungarn-Tour: Der ungarische Forint hat stark gelitten. Die Inflation ist schon nicht mehr trabend, sie galoppiert wie ein gedoptes Rennpferd. Mittlerweile liegt der Umrechnungskurs (Stand Juni 2021) bei 348 Forint für einen

Nur an wenigen Stellen kommt man mit dem Motorrad so nah an den See wie hier.

Euro. Eine Tankfüllung für zwei Motorräder kann einem beim Bezahlen schon mal Schweißperlen auf die Stirn treiben, wenn die Kassiererin lächelnd eine fünfstellige Summe aufruft.

Sprit zählt übrigens zu den teuersten Einkäufen. Viel günstiger ist Alkohol, vor allem hochprozentiger. Rund ein Euro wird für einen anderthalbstöckigen Wodka aufgerufen. Eine Halbe: unter zwei Euro. Eine gute Flasche Wein im Restaurant: vielleicht sieben Euro. Ein Abendessen für zwei Personen mit Dessert, Getränken und Espresso kostet im Schnitt 25 Euro. Insgesamt. Ungarn war und bleibt für Westeuropäer ein Schnapp.

Barocker Prachtbau

Nach den ersten knapp 90 Kilometern ist mit Balatonmagyarod ein Vorbote des Balatons auch schon erreicht. Der Ort liegt zwar nicht am See, ist aber aus dieser Fahrtrichtung kommend der erste, der ihn zumindest schon im Namen trägt. Viele weitere werden folgen. Einen ersten Blick aufs Wasser sollte man sich in Keszthely gönnen, nachdem man dem örtlichen Schloss einen Besuch abgestattet hat.

Der barocke Prachtbau, der zur Mitte des 18. Jahrhunderts von der aus Kroatien stammenden Adelsfamilie Feštetićs in Auftrag gegeben wurde, ist

EXTRA-TIPP

Im **PAPRIKAHAUS** in Tihany ist der Name Programm: Paprika gibt es, wohin man auch schaut. Innen, aber auch Außen. Letzteres ist ein immer beliebter werdendes Fotomotiv, wie einem die Betreiber erzählen. „Immer wieder hört man starke Bremsmanöver vor der Tür“, erzählen sie lächelnd. Ein Blick hinein sollte man dann aber trotzdem unbedingt wagen: Die Leckereien sind nicht nur ein Gaumen- und Augenschmaus, sondern können auch – mit weiteren kulinarischen Köstlichkeiten – als Mitbringsel für die Lieben daheim käuflich erworben werden.

GPS 46.913470, 17.888350

von zwei weitläufigen Parks umgeben, die allein schon den Besuch lohnen. Außerdem ist der Ort ein geeigneter Anlaufpunkt, um sich mit der Besiedlungsgeschichte des Balatons auseinanderzusetzen. Das hier eröffnete Balaton-Museum zeigt unter anderem, dass schon die Kelten am Seeufer siedelten.

Was viele auch nicht wissen: Mitteleuropas größter See liegt eingebettet in eine vulkanische Berglandschaft, wobei der Begriff Berg hier relativ zu sehen ist. Über ein paar hundert Höhenmeter kommen die Erhebungen rund um den Plattensee nicht hinaus. Einige der Anhöhen sind dafür anfahrbar, nennenswerte Bergstraßen gibt es aber nicht. Am Balaton ist Cruisen rund ums Gewässer die gängige Fahrweise – in Ermangelung von Alternativen.

Dabei hätte das Nordufer sogar seinen eigenen Tafelberg zu bieten. An den Hängen des 437 Meter hohen Badacsony wird Wein angebaut, einen Wanderweg aufs Gipfelplateau gibt es auch. Mit den Zweirädern rollt man – mangels Möglichkeiten – zum nächsten Ziel auf der Halbinsel Tihany aber nur um die imposante Kulisse herum. Das Gebiet ist übrigens schon seit 1952 Landschaftsschutzgebiet. Dort angekommen, fällt der Blick auf die Beschilderung zum Marzipan-Museum. Für Schleckermäuler ist der Besuch ein Muss.

Per Schiff ans Südufer

Eines der regelmäßig verkehrenden Schiffe bringt Mensch und Maschine ans Südufer. An dieser Stelle ist der Plattensee nämlich kaum anderthalb

Dramatischer Sonnenuntergang über dem Balaton.

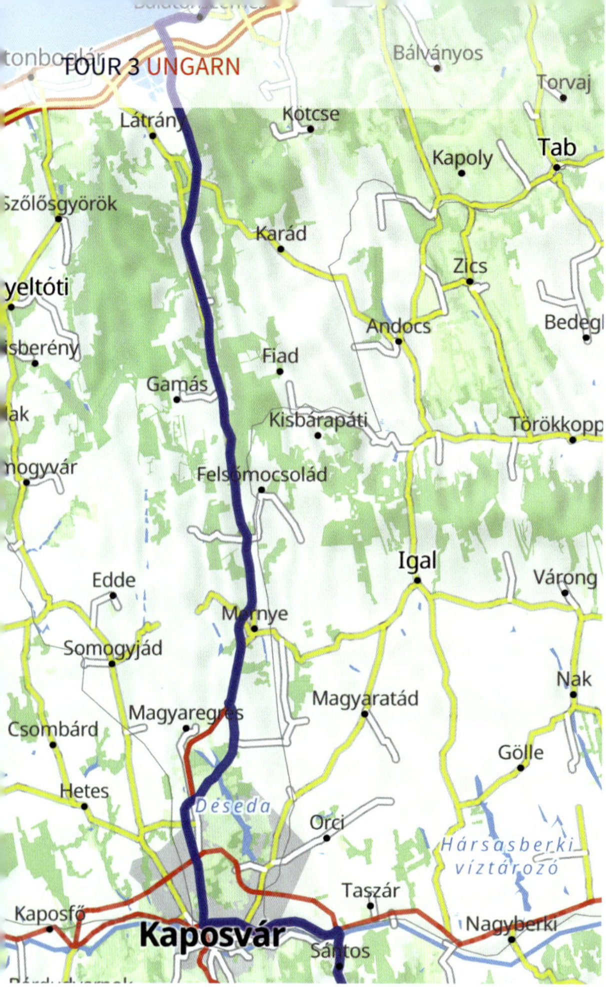

Kilometer breit. Ansonsten sind dies um die zwölf Kilometer. Der Gesamtumfang des Sees beträgt 195 Kilometer, eine Umrundung ist also ein schon ein ziemlich netter Tagesausflug.

Allerdings nur außerhalb der Hochsaison, die von Mitte Juni bis Anfang September reicht. Zu Ferienzeiten quälen sich nämlich Fahrzeugkolonnen um den Balaton herum. Im Frühling oder Herbst lässt es sich dagegen sogar am Wochenende ganz entspannt von Ort zu Ort touren. Die Übergänge zwischen den einzelnen Gemeinden sind fließend, fast der gesamte See unterliegt somit der üblichen Geschwindigkeitsbegrenzung. Macht aber nichts, denn Wasser hat schließlich etwas Beruhigendes. Da darf die Gashand ruhig mal pausieren.

Balatons Ballermann

Die nächste Fähre setzt von Tihany nach Zamárdi über. Siófok kann man getrost links liegenlassen – es sei denn, man interessiert sich tatsächlich für die Partymeile des selbst ernannten Balaton-Ballermanns. Stattdessen lohnt es sich, Balatonföldvár, Balatonzársó sowie Balatonzemes noch jeweils einen Besuch abzustatten. Zwischen den Hotelbunker-Bausünden der 1970er Jahre und prächtigen k.u.k.-Villen kommt man sogar direkt ans Wasser, eine Seltenheit hier am See.

Die ungarische Route 66 bietet leider ebenso wenige „kicks" wie das US-Original.

Denn entweder sind es Privatgrundstücke, die das verhindern, oder aber die abgesteckten Strandareale, zu denen der Zutritt kostenpflichtig ist, stehen im Weg.

Letzter Stopp am See ist eine Bude: András Büfé. Rüstige Rentner schleppen überdimensionale Bratwürste mit einer dicken Brotknifte für weniger als einen Euro davon, wohl als zweites Frühstück bei ihrer Lieblingsbeschäftigung: dem Angeln. Südwärts geht es auf der 67 weiter. Das nächste Ziel heißt Pécs, was eigentlich nicht allzu weit entfernt liegt. Aber mit einigen Bögelchen kann man die Strecke auf gut 160 Kilometer ausdehnen.

Ungarns Route 66

Die ersten fast 40 davon sind leider eine Qual. Puzsta, soweit das Auge reicht, dazu Staubwolken von in der Ferne emsig erntenden Mähdreschern. Hinzu kommt reichlich Schmutz auf der Straße, denn rechts und links des Weges wird eine neue Autobahn in die Landschaft gewalzt, deren Nutzen sich uns nicht erschließen mag. Für wen? Und wohin? Sei's drum, von der EU gab es wohl reichlich Mittel aus den üppigen Töpfen für strukturschwache Gebiete.

Hinter Kaposvár ändert sich das Bild. Hier kann man Ungarns „Route 66" entdecken und dieser nun etliche Kilometer folgen. Theoretisch würde sie bis Pécs führen, aber die schon erwähnten Bögelchen … Die 30 Kilometer, die man nutzt, lassen erneut reichlich Erinnerung an Amerikas Weiten aufkommen. Jetzt allerdings zunehmend mit Kurven.

Das fröhliche Schwingen nimmt mit jedem Kilometer, den man sich Europas Kulturhauptstadt von 2010 nähert, noch zu. Dabei ist der Zustand der Straßen manchmal top, manchmal unterirdisch. Auf Letzteren wird ein

Die Gartenwirtschaft Eosin bietet Essen mit Aussicht.

Das prächtige Zentrum von Pécs.

zügiger Ritt durchs unverhofft eingetretene Winkelwerk erschwert. Selbst Enduros mit langem Federweg bekommen nicht jedes Schlagloch, das unvermittelt in der Spur auftaucht, weggebügelt.

Vor der Abfahrt nach Pécs sollte man sich einen Besuch des 535 Meter hohen Misina-Bergs gönnen, auf dem ein monumentalere Fernsehturm, eine weithin sicht-bare und beliebte Attraktion, thront. Wer schwindelfrei die offene Aussichtsplattform nutzt, wird noch einmal 82 Meter höher mit Ausblicken weit nach Kroatien hinein belohnt.

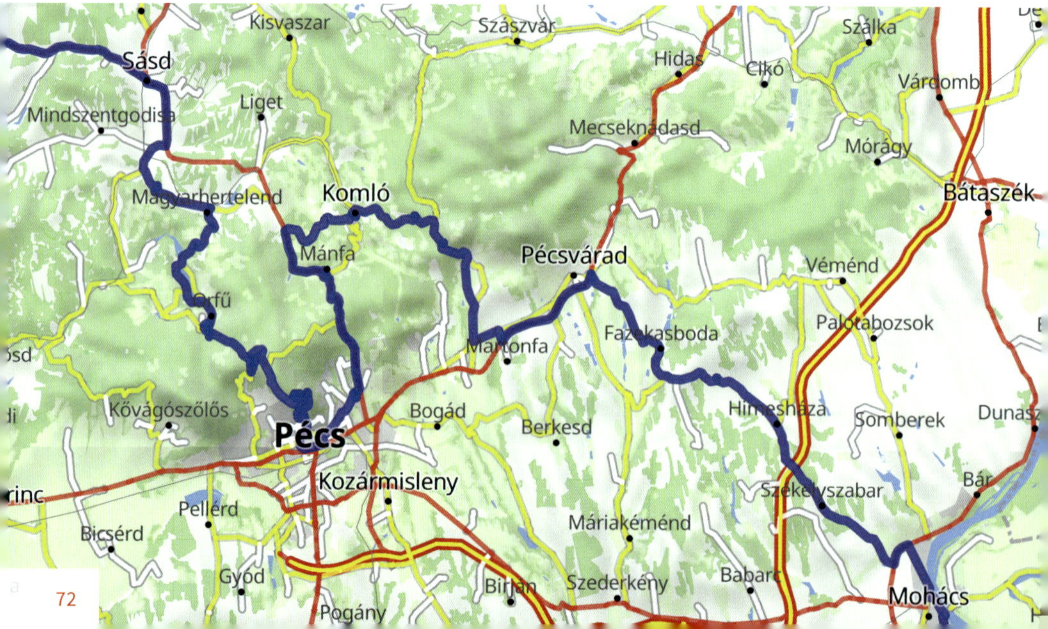

In schönen Serpentinen geht es dann mitten in die Metropole der Donauschwaben, der ab Mitte des 17. Jahrhunderts vor allem nach Ungarn, aber auch in andere Gebiete entlang der Donau ausgewanderten Deutschen, hinein. Kein Wunder, dass in Pécs, dem früheren Fünfkirchen, noch heute an der Universität teilweise auf Deutsch, aber auch auf Englisch gelehrt wird. Besonders angehende Mediziner wissen den nicht vorhandenen Numerus clausus zu schätzen.

Zu Fuß durch Pécs

Die Altstadt will zu Fuß entdeckt werden. Ein Besuch der Basilika ist Pflicht, wo es auch die üppigsten Reste der Stadtmauern zu sehen gibt. Auf dem Weg dorthin kommt man am prächtigen Nationaltheater vorbei, bestaunt den nach dem Keramikkünstler und Erfinder Vilmos Zsoltay benannten Brunnen, wundert sich über die zu einer christlichen Kirche umgewandelte Moschee und lässt generell den Flair der Altstadt auf sich wirken.

Die letzte Etappe dieses Ungarn-Ausflugs führt von Pécs zurück nach Kroatien. Dabei durchstreift man einige Donauschwaben-Siedlungen, was leicht zu erkennen ist. Die Ortsnamen sind plötzlich zweisprachig gehalten

Interessanter Straßenabschnitt im slawonischen Naturpark Kopački rit.

(ungarisch und deutsch), und an den Ortsausgängen wird eine „angenehme Reise“ gewünscht.

Konnte man zu Etappenbeginn noch weitere der Kurvenstrecken um Pécs genießen, so hat einen alsbald eine landwirtschaftlich geprägte Tiefebene wieder. Dieses Bild ändert sich auch jenseits der Grenze kaum. Zu ähnlich sind die kulturellen Eigenheiten, sodass die ersten Siedlungen auf kroatischem Boden sogar noch ungarische Ortsbezeichnungen führen.

Über der Donau

Eine Stippvisite in Batina sei empfohlen. Das vom Weinbau geprägte Gebiet war oft heiß umkämpft. Kein Wunder, ist die Donau in Europa noch stets von wesentlicher strategischer Bedeutung. Im November 1944 gelang jugoslawischen und sowjetischen Truppen hier gemeinsam ein großer Sieg gegen die faschistischen Besatzer. Daran erinnert ein imposantes Denkmal hoch über dem Fluss.

Am anderen Ufer liegt Serbien. Ein Dreiländereck also. Und so herrlich abgeschieden, dass noch Platz für ein Naturreservat bleibt. Das hört auf den Namen Kopački rit und erstreckt sich bis vor die Tore Osijeks. Vor allem seine Vogelwelt ist in der Fülle und Vielfalt einzigartig. Selbst auf dem Motorrad kann man sich Graureihern und sogar Kormoranen nähern.

Im kroatischen Osijek, der Hauptstadt Slawoniens und Partnerstadt von Pécs, findet diese Ungarn-Tour ihr Ende. Ein Trip, wie ein selbst erfahrener Roadmovie. Kann man mal machen – besonders, wenn man sparsam unterwegs sein möchte. ◂

Im Dreiländereck rund um Batina erhebt sich dieses Monument.

INFOS ZUR TOUR

CHARAKTERISTIK

Der Balaton ist der größte See Mitteleuropas. Mit 594 Quadratkilometern Fläche übertrifft er sogar den Bodensee im Ausmaß. Trotz der vulkanischen Erhebungen an seinem Nordufer darf man sich nichts vormachen: Der Balaton liegt inmitten der Puszta, der ungarischen Steppe. Entsprechend fad und anstrengend kann die Anreise sein. Die beschriebene Tour ist rund 500 Kilometer lang und auf drei Fahrtage angelegt. Die Straßen sind rund um den See in gutem Zustand. Auf den Nebenstrecken durchs Land kann es aber auch ziemlich rau zugehen.

ÜBERNACHTUNG

Park Boutique Hotel Varaždin

Ein schickes und sehr zentral gelegenes Hotel, das moderne und schick eingerichtete Zimmer und sehr gutes Essen im hauseigenen Restaurant bietet. Kostenlose Parkplätze für Gäste befindet sich direkt vor der Tür.

www.park-boutique-hotel.eu/de
GPS 46.30703, 16.33873

Lepke Apartmanház és Étterem

Gemütlich eingerichtete Appartementanlage auf der Halbinsel Tihany. Toll ist die Terrasse mit Seeblick, auf der man bei gutem Wetter die leckeren Köstlichkeiten des Restaurants genießen kann. Parkplätze sind vorhanden.

www.lepkeetterem.hu
GPS 46.92562, 17.86417

Fordan Hotel Pécs

Zentral in der Innenstadt von Pécs gelegen, bietet das Hotel komfortabel eingerichtete Zimmer, gutes Frühstück und gesicherte Parkplätze für das Motorrad.

www.fordanhotel.hu
GPS 46.069910, 18.23038

KOMBINATIONSMÖGLICHKEITEN

Die Tour lässt sich ganz hervorragend mit der Tour 2 (Kroatien-Slawonien) verbinden. Richtung Süden könnte man die beiden Bosnien-Touren (7 und 8) anschließen, gen Osten Rumänien (Tour 4) und im Norden die Slowakei (Tour 5).

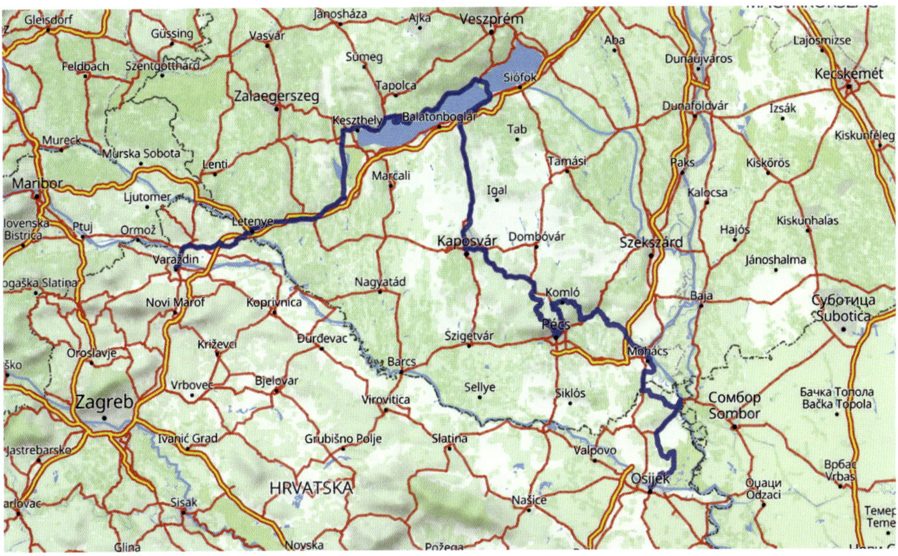

Slawoniens Metropole

Trotz wechselvoller Geschichte gelingt es Osijek, eine wunderbar positive Atmosphäre zu erschaffen. Dies ist der Mentalität der Bewohner zu verdanken.

Ein guter Ausgangspunkt für einen Rundgang ist ein 90 Meter hohen Backsteinbau, der Kathedrale genannt wird, obwohl der Bischofssitz Slawoniens im rund 40 Kilometer entfernten Đakovo ist. Wieso?

Der deutschstämmige Bischof Josip Juray Strossmayer, einer der einflussreichsten Theologen, aber auch Politiker im Kroatien des 19. Jahrhunderts, wollte seiner Geburtsstadt mit diesem Bau ein Geschenk machen, daher entschied er, einen Teil seines Vermögens in den Bau der **Pfarrkirche St. Peter und Paul** zu investieren.

EHRGEIZIGES VORGEHEN Die Bauphase nahm lediglich die Jahre von 1894 und 1898 in Anspruch nahm. Stadtführer Mislav erklärt warum: „Er war eben ehrgeizig, plante gewissenhaft und realisierte schließlich sein Vorhaben. Wahrscheinlich entspricht das unserer Mentalität." Dies ist so ein ganz anderes Bild als das, was Mitteleuropäer gemeinhin über Regionen in

Der türkische Brunnen auf dem Platz der Heiligen Dreifaltigkeit.

Süden, geschweige denn Südosten Europas im Kopf haben.

Bedeutend war Osijek aufgrund seiner Lage bereits im Mittelalter. Dies führte dazu, dass immer wieder mal jemand auf die Idee kam, es zu okkupieren. Sowohl Türken als auch Österreicher und Ungarn fühlten sich zu gewissen Zeiten als Machthaber und hinterließen dementsprechend ihre Spuren. Einige Gebäudeteile der UNESCO-geschützten Altstadt (**Tvrđa**) können auf das zwölfte Jahrhundert datiert werden.

Der eigentliche wirtschaftliche Aufschwung Osijeks begann im 17. Jahrhundert: Ober- und Unterstadt (**Gornji** und **Donji grad**) wurden gegründet, ein Jahrhundert später folgte – vor allem durch den Zuzug von Deutschen – die Neustadt (**Novi grad**).

COPACABANA AN DER DRAVA Weiter geht es an die Drava. Die Uferpromenade steht Vergleichbaren an den Küsten in nichts nach. Es gibt sogar eine eigene **Copacabana** – das örtliche, „Kopika" genannte, Freibad.

Vom Kardinal Šeper Park geht es auf der Prachtmeile **Europska Avenija**, die einige architektonische Juwelen zu bieten hat, weiter in Richtung **Tvrđa** (Festungsanlage). Osijek war von dem Bürgerkriegstreiben stark betroffen. Im Stadtbild zu erkennen ist dies nur noch an der Kunstgalerie,. Sie wird von den Einheimischen als „das blutende Haus" bezeichnet. Um an die Greueltaten zu erinnern, wurde ein Teil der Fassade mit rot lackierten Ziegeln saniert.

Eine abendliche Partymeile existiert in Osijek natürlich auch: rund um die Straße **Kuhačeva**. Und ein eigenes Bier hat die Stadt außerdem zu bieten: **Osiječko**. **www.tzosijek.hr**

Sie sieht aus wie eine Kathedrale, ist aber nur Pfarrkirche: St. Peter und Paul (links). Und das blutende Haus (unten).

Obwohl Picasso nichts mit Osijek zu tun hat, steht hier ihm zu Ehren eine Statue.

Ab in die **Karpaten**

Von der nördlichen Region Maramures geht über die wilde Bergwelt der Ostkarpaten bis ins sagenumwobene Transsylvanien. Unterwegs erklimmt man die drei schönsten Hochgebirgsstraßen Rumäniens – Offroadpassagen inklusive.

Unterwegs auf der grandiosen Drum național 67C, besser bekannt als Transalpina.

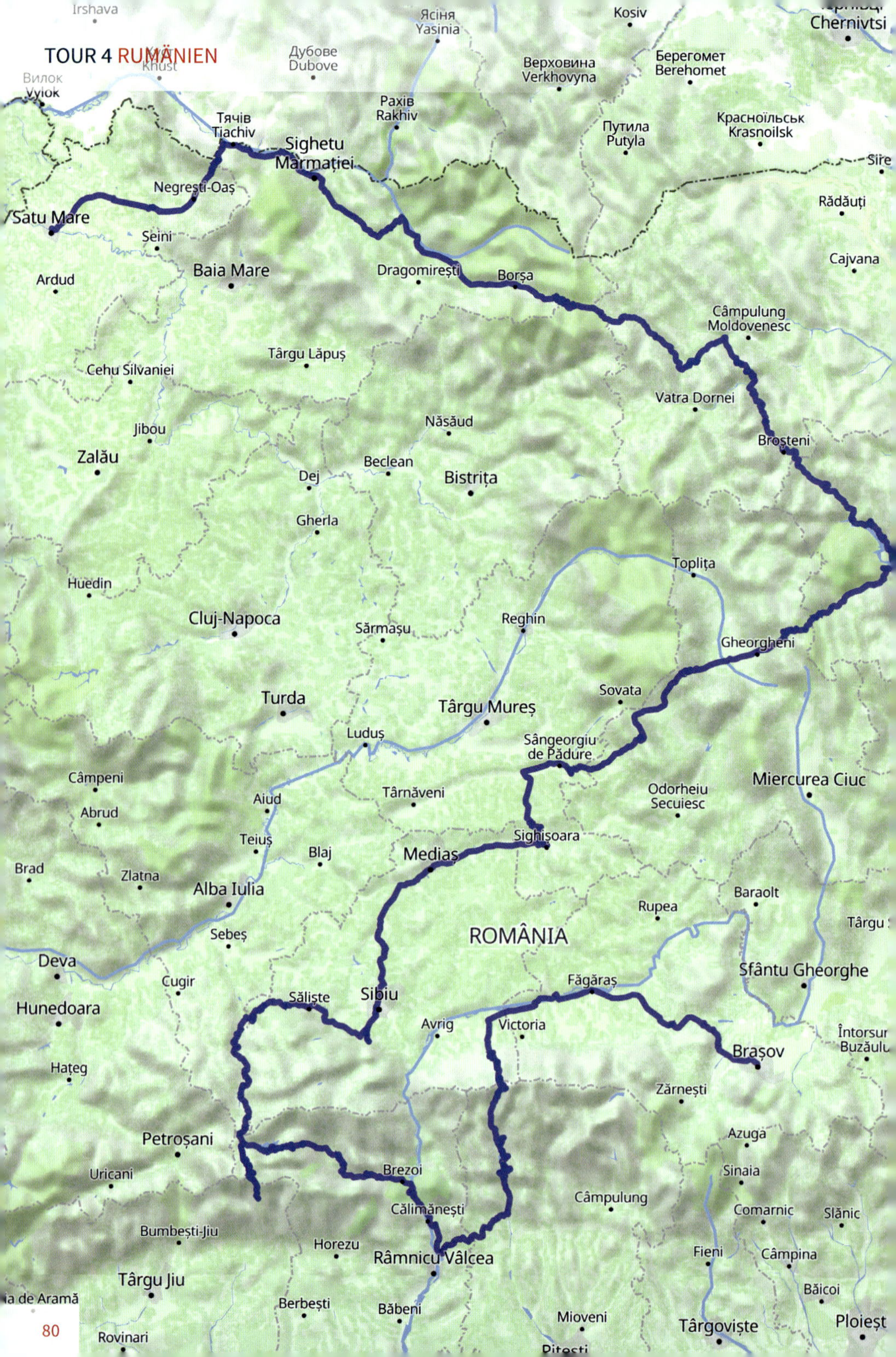
Irshava
Ясіня
Yasinia
Kosiv
Chernivtsi
Дубове
Dubove
Khust
Вилок
Vylok
Верховина
Verkhovyna
Берегомет
Berehomet
Рахів
Rakhiv
Тячів
Tiachiv
Sighetu
Marmației
Путила
Putyla
Красноїльськ
Krasnoilsk
Siret
Negrești-Oaș
Satu Mare
Rădăuți
Seini
Baia Mare
Ardud
Dragomirești
Borșa
Cajvana
Câmpulung
Moldovenesc
Târgu Lăpuș
Cehu Silvaniei
Vatra Dornei
Năsăud
Jibou
Broșteni
Zalău
Beclean
Dej
Bistrița
Gherla
Huedin
Toplița
Cluj-Napoca
Reghin
Sărmașu
Gheorgheni
Turda
Sovata
Târgu Mureș
Luduș
Sângeorgiu
de Pădure
Câmpeni
Miercurea Ciuc
Aiud
Târnăveni
Odorheiu
Secuiesc
Abrud
Teiuș
Sighișoara
Blaj
Mediaș
Brad
Zlatna
Baraolt
Alba Iulia
Rupea
Sebeș
ROMÂNIA
Deva
Făgăraș
Sfântu Gheorghe
Cugir
Săliște
Sibiu
Hunedoara
Avrig
Victoria
Întorsura
Buzăului
Brașov
Hațeg
Zărnești
Azuga
Petroșani
Sinaia
Brezoi
Uricani
Câmpulung
Călimănești
Comarnic
Slănic
Bumbești-Jiu
Horezu
Râmnicu Vâlcea
Fieni
Câmpina
Târgu Jiu
Băicoi
Berbești
Băbeni
Mioveni
Târgoviște
Ploiești
Rovinari
Pitești

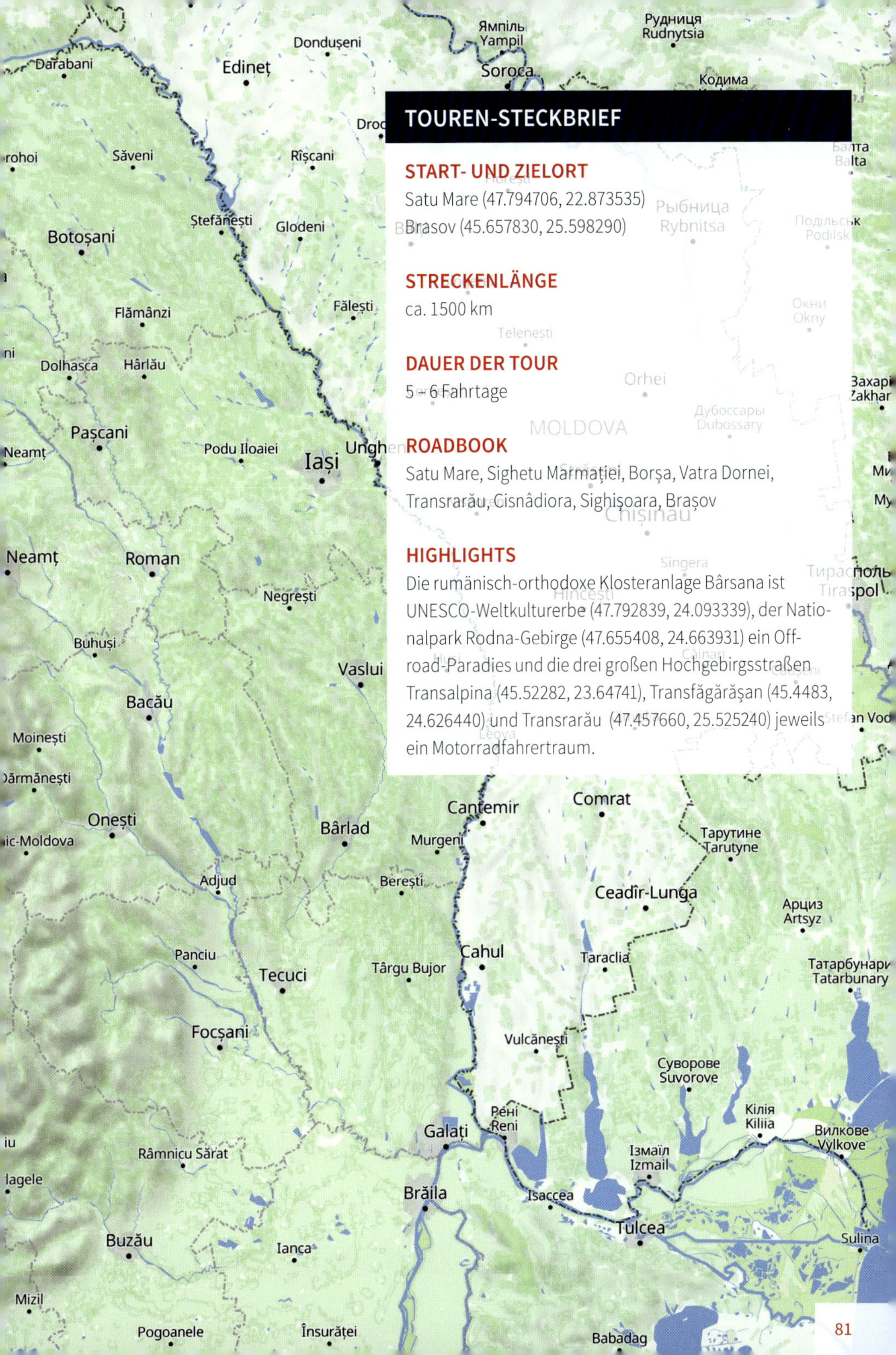

TOUREN-STECKBRIEF

START- UND ZIELORT

Satu Mare (47.794706, 22.873535)
Brasov (45.657830, 25.598290)

STRECKENLÄNGE

ca. 1500 km

DAUER DER TOUR

5–6 Fahrtage

ROADBOOK

Satu Mare, Sighetu Marmației, Borșa, Vatra Dornei, Transrarău, Cisnădiora, Sighișoara, Brașov

HIGHLIGHTS

Die rumänisch-orthodoxe Klosteranlage Bârsana ist UNESCO-Weltkulturerbe (47.792839, 24.093339), der Nationalpark Rodna-Gebirge (47.655408, 24.663931) ein Offroad-Paradies und die drei großen Hochgebirgsstraßen Transalpina (45.52282, 23.64741), Transfăgărășan (45.4483, 24.626440) und Transrarău (47.457660, 25.525240) jeweils ein Motorradfahrertraum.

Fast wie in den Alpen: der Nationalpark Rodna-Gebirge.

Die Grenzstadt Satu Mare markiert den Beginn dieser Rumänien-Tour. Von Deutschland aus gesehen ist die Anreise zwar recht eintönig, da der schnellste Weg auf einem ermüdenden, gut 500 Kilometer langen und scheinbar nicht enden wollenden Asphaltband durch Ungarn verläuft. Dennoch ist die Grenzstadt aufgrund ihrer Lage ideal.

Bis zur ungarischen Grenze sind es nur zehn und bis zur ukrainischen auch nur knapp 40 Kilometer. Von dort aus lässt es sich bestens in die

ländliche Region von Maramures eintauchen. Vorzugsweise zur Heuernte, wenn überall auf den Feldern Jung und Alt das getrocknete Heu traditionell mit Rechen und Holzgabel auf hohe Heuböcke stapeln, die mitten auf den Wiesen stehen. Pferdefuhrwerke bringen die Familien auf die Felder. Ganz wie anno dazumal. Auf feinem Asphalt rollt es sich durch die Dörfer. Der Belag ist neu, EU-gefördert, wie die vielen Schilder am Seitenrand anzeigen.

Orthodoxes Kloster

Kurz hinter Sighetu Marmației führt die DJ 186 auch schon zum ersten lohnenden Zwischenstopp: das Kloster Bârsana. Es handelt sich um eine rumänisch-orthodoxe Klosteranlage aus massiven Eichenholzbau mit spitzen Türmen. Mehrere Holzkapellen stehen kreisförmig in der Anlage, verziert mit spitzen Holztürmen. In der Mitte der Klosteranlage ist ein Teich angelegt, der von einer kleinen Holzbrücke überspannt wird.

Seit 1993 wird die historische Klosteranlage Bârsana wieder aufgebaut.

Schwer vorstellbar, aber tatsächlich war sie bis in die späten Achtziger ein „Lost Place". Erst 1993 begann man mit dem Wiederaufbau des Klosters, der noch nicht abgeschlossen ist. Die UNESCO hat es bereits als Weltkulturerbe geadelt.

Im Anschluss lockt die Wildnis – Rumänien gilt schließlich völlig zu Recht als Offroad-Paradies. Ein Teilstück des Adventure Country Tracks sollte daher eingeplant werden. Der gleichnamige Verein hat insgesamt fünf Etappen zum Nachfahren ausge-

Begegnung mit der heimischen Tierwelt auf dem Pass Transfăgărășan.

arbeitet. Nur ein paar Kilometer hinter dem Kloster biegt man dazu im Ort Borșa in einen Steinbruch ab. Kurze Zeit später schlängelt sich ein ausgewaschener Feldweg an dem kleinen Fluss Cisla entlang mitten hinein in den Nationalpark Rodna-Gebirge. Der Weg ist gut befahrbar.

Über den Prislop-Pass

Dann steigt der Weg langsam an, verengt sich dabei und das Geröll nimmt zu. Mit genügend Gas sollte es Geübten gelingen, die passende Spur zu finden und vor allem auch zu halten. Wenig später ist die Drum național (rumänisch für Nationalstraße) 18 erreicht und mit ihr guter Asphalt, der einen über Kurven und Kehren auf 1416 Meter Höhe, dort über den Prislop-Pass und damit in die Ostkarpaten führt. Die Fahrbahn ist ein Traum in Grau, so griffig und wohlgeformt windet sie sich nach oben.

Kurz hinter Vatra Dornei beim Dorf Chiril biegt man auf die Transrarău ins

Kunstwerk am Prislop, dem höchsten Pass der Ostkarpaten.

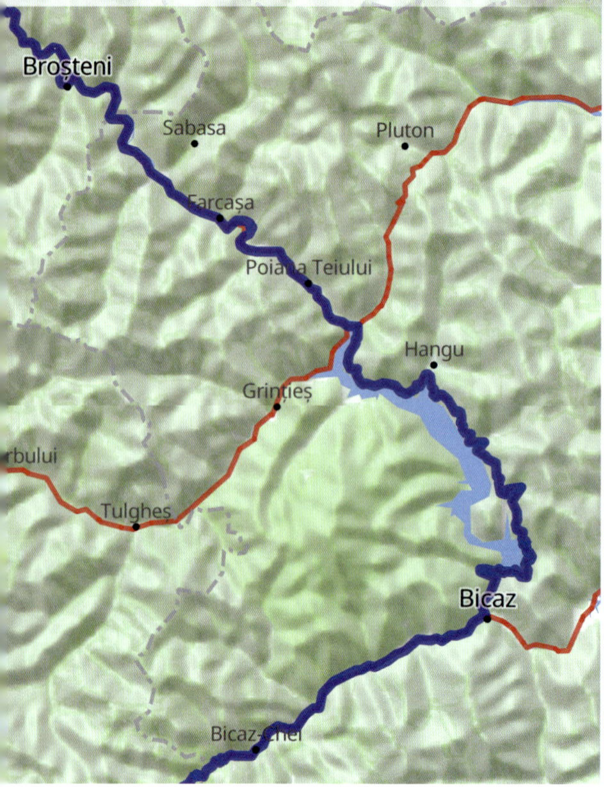

Moldovei–Tal in Richtung Pojorata ab. Die Transrarău ist neben der Transalpina und der Transfăgărăşan Teil der drei großen Hochgebirgsstraßen in den Karpaten, die einem den Atem stocken lassen. Auf einer Länge von zehn Kilometern führt die enge und kehrenreiche Bergroute durch weiße Felsen und dichte Wälder bis auf 1651 Meter zum Rarau-Gipfel hinauf.

Faszinierende Klamm

Dann findet man sich auch schon auf der Nationalstraße 12 c, einer der Hauptrouten nach Transsylvanien, dem „Land hinter den Wäldern", so die Übersetzung, wieder und fährt auf ihr mitten hinein ins geografische Zentrum des Landes. Pausiert wird erst wieder an der Bicaz-Schlucht. Für den Lacul Bicaz lohnt es sich, zeitweise auf

Auf dem Weg in die Bicaz Klamm ist der Stausee Lacul Bicaz über viele Kilometer ein treuer Begleiter.

der stark befahrenen Straße unterwegs zu sein. Dieser Stausee flankiert die letzten zehn Kilometer auf dem Weg in die Klamm smaragdgrün. Am Ende sind es nur fünf Kilometer, die sich die Nationalstraße 12 c durch die Klamm windet. Direkt an der Straße streben schroffe Steilwände bis zu 300 Meter nahezu senkrecht in die Höhe.

Dann macht sich mitten in diesem Naturwunder allerdings die Ernüchterung breit. Hinter einer der engen Kurven reiht sich ein Verkaufsstand an den nächsten mit allerlei Nippes und

Die Transalpina ist eine ganz außergewöhnliche Gebirgsstraße in Rumänien.

Kitsch. Hinzu kommt, dass der dichte Verkehr hier auf Wanderer in der Klamm trifft, die sich bei jedem Lkw, der hier durchrast, an die Wände quetschen, um zu überleben.

In Draculas Reich

Weiter geht es zum Marktplatz von Cisnădiora (deutsch: Michelsberg). Dieser kleine Ort in der Nähe des Făgăras-Gebirges eignet sich perfekt als Basiscamp für die kommenden Tourtage. Der erste Ausflug führt von hier aus in die Altstadt von Sighișoara

Eine Legende unter Rumäniens Pässen: die Transfăgărășan.

(deutsch: Schäßburg). Intensiver betrachten sollte man ein ockerfarbenes Haus, dessen Schild darauf hinweist, dass hier einst der Dracula-Orden untergebracht gewesen ist.

Ganz Transsylvanien wird heute mit dieser blutrünstigen Geschichte in Verbindung gebracht, die aus der Feder des irischen Schriftstellers Bram Stoker stammt. Hier hat einst das historische Vorbild für Dracula, der Fürst Vlad III. Tepes, gewohnt. Er war bekannt dafür, seine Feinde zu pfählen, daher auch der Beiname Tepes (zu deutsch Pfähler). Als dann Ende der 1980er Jahre die ersten Touristen auf den Spuren von Dracula nach Rumänien kamen, konnten viele Rumänen mit dieser Geschichte nichts anfangen. Bekanntlich lässt sich so etwas aber gut vermarkten, mehr oder weniger geschmackvoll.

Beim weiteren Rundgang durch die Stadt stellt man aber schnell fest, dass Sighișoara so viel mehr zu bieten hat, als nur einen grausamen Fürsten aus dem Mittelalter. Der Stadtkern mit seinen Wehrtürmen hat sich seit der Gründung durch die Siebenbürger Sachsen im 12. Jahrhundert nicht

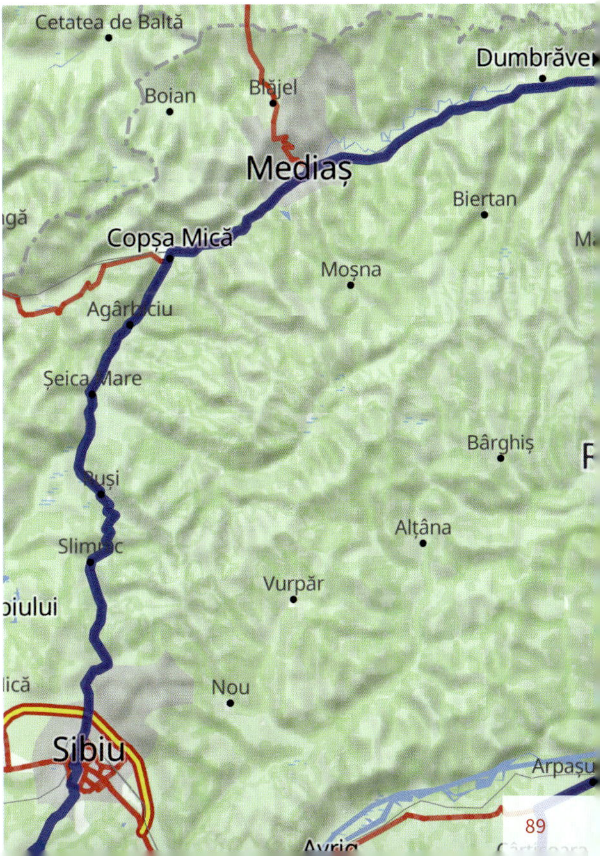

AUTOREN-TIPP

Mitten in Transsilvanien, oberhalb der Stadt **BRAN** (Törzburg) kann man dem gleichnamigen – und weithin sichtbaren – Schloss seine Aufwartung machen und dabei wohligen Schauer empfinden. Schließlich diente es Bram Stoker als Vorbild für sein Dracula-Schloss. Tatsächlich ist es rund um das Jahr 1400 erbaut worden und war als Grenz- und Verteidigungsfestung konzipiert. Es thront hoch oben auf einem Felsen, über der Straße, die Siebenbürgen mit der Walachei verbindet. Heute ist es eine der beliebtesten Sehenswürdigkeiten in ganz Rumänien.

www.bran-castle.com
GPS 45.51453, 25.366400

verändert. Selbst die Burganlage ist als einzige in Europa noch bewohnt. Es ist wie eine Wanderung durch die Kulissen eines Historienfilms. Der einzige Unterschied ist: Hier ist alles echt.

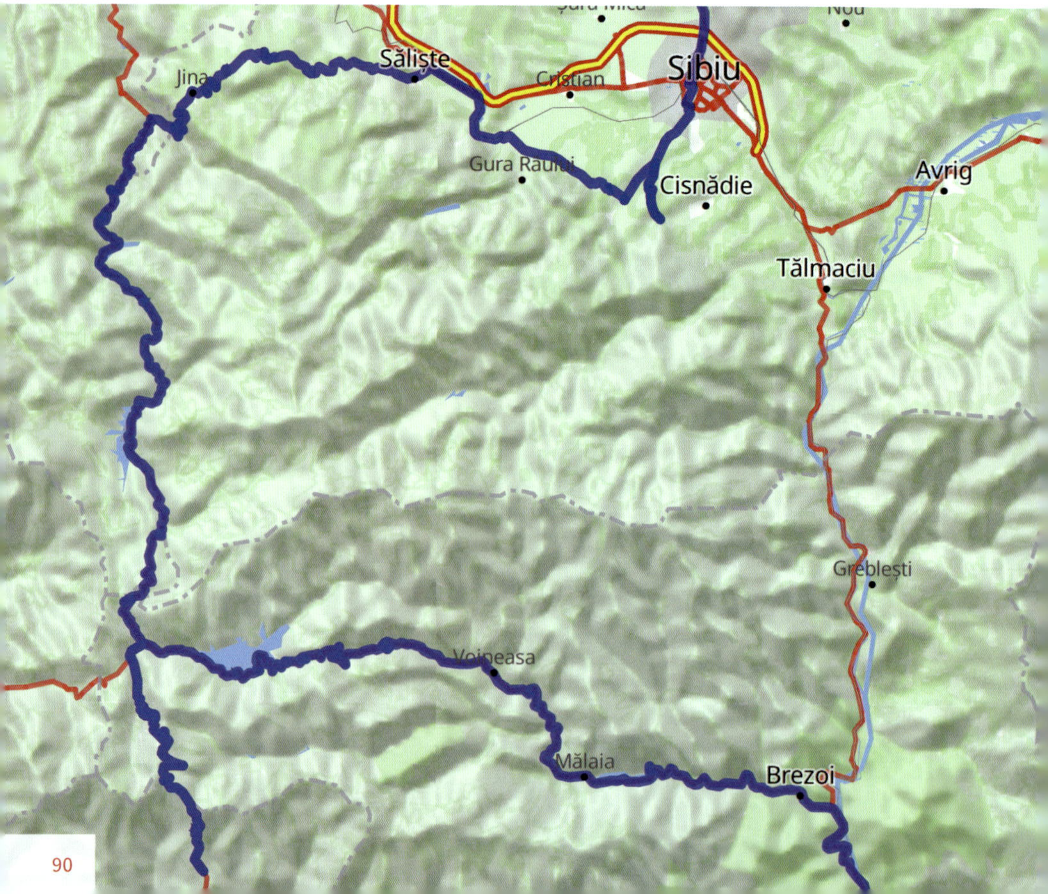

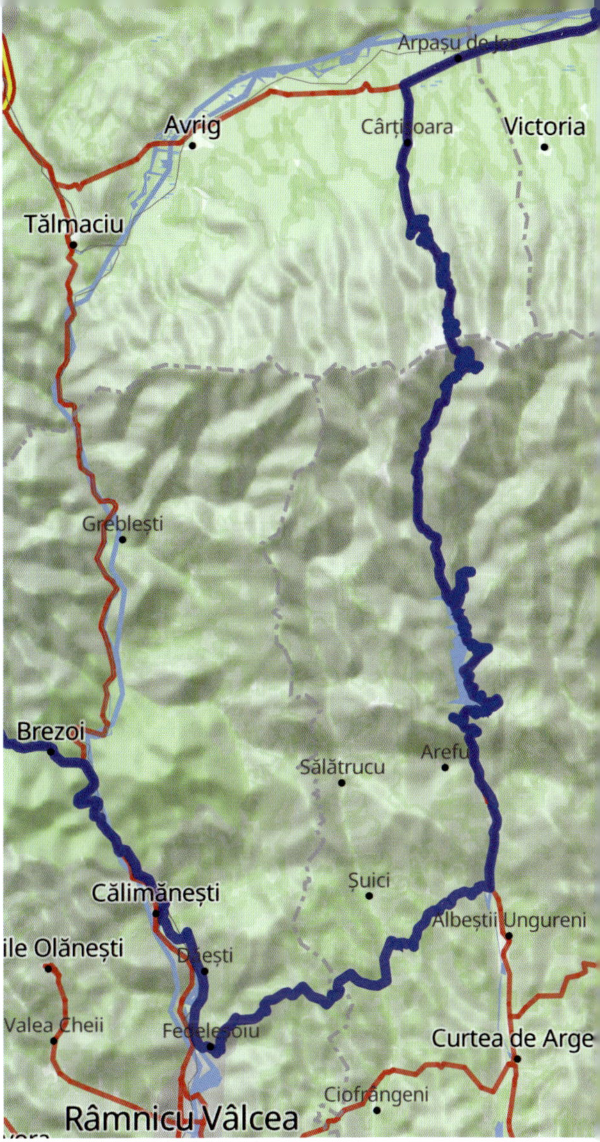

Von hier aus hält man sich in südwestlicher Richtung und nimmt dann Kurs auf die Drum National 67 c, die durch ein großes, blaues Schild gut gekennzeichnet ist. Ab jetzt rollt man auf der Transalpina, der höchsten Straße Rumäniens. Ein gut asphaltiertes Teilstück führt einen zunächst durch die Nadelwälder der Südkarpaten. König Carol II. hat als erster den alten Römerweg über die Karpatenhöhen in den 1930er Jahren pflastern lassen, aber erst seit 2016 sind fast alle Straßenabschnitte mit Asphalt versehen. Dieser 150 Kilometer lange Abschnitt wird auch als Königsweg bezeichnet. Der Name ist hier wahrlich Programm.

Straßen-Legende

Allzu sehr darüber grämen, dass man die Straße irgendwann hinter sich gelassen hat, muss man sich allerdings nicht. Denn auf unzähligen Kurven, die sich durch das Făgăraș-Gebirge ziehen, nähert man sich einem weiteren Motorradfahrertraum: der berühmten Transfăgărășan.

Diese Legende unter den Alpinpässen, die Siebenbürgen mit der Walachei verbindet, gilt als eine der schönsten Hochgebirgsstraßen der Welt. Zu beachten ist allerdings, dass er nur von Juli bis Oktober ganz befahrbar ist; in der verbleibenden Zeit ist die Straße beim Bâlea-Pass unpassierbar.

Gute Reiseplanung vorausgesetzt, bahnt man sich dann den Weg auf der berühmtesten Straße Rumäniens auf 2 044 Meter hinauf. Eine Pause lohnt sich vor allem am Balea-Gletschersee, da man hier einen traumhaften Blick auf diese Königin der Alpinstraßen genießt.

Doch diese Pracht hatte auch ihre Tragik. Unzählige Männer haben um die drei Millionen Tonnen Hartgestein während der vierjährigen Bauzeit

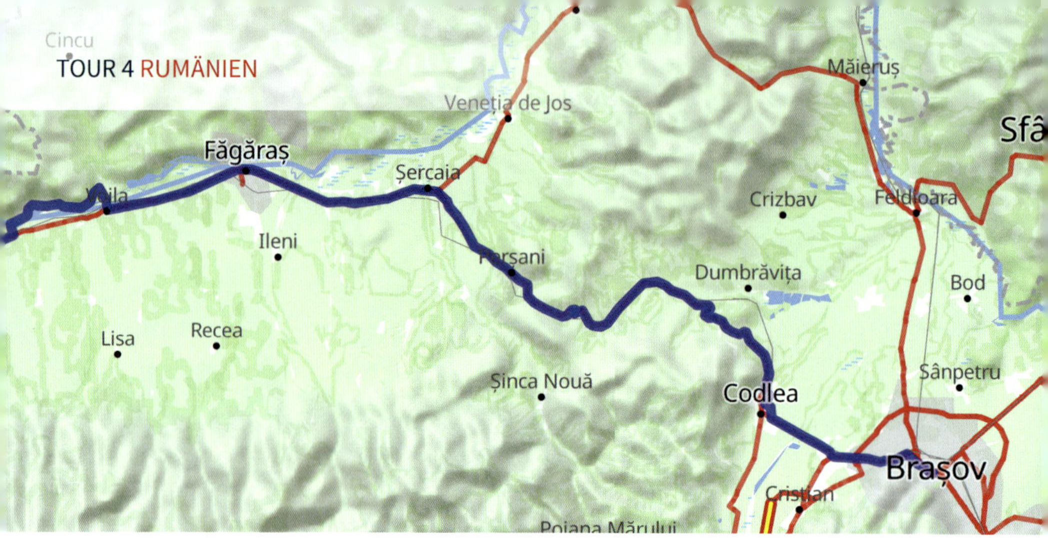

in den 1970er Jahren bewegt. Viele von ihnen kamen dabei ums Leben. Alleine bei den Sprengungen am Berg wurden immer wieder Arbeiter verschüttet. Offizielle Opferzahlen gibt es zwar nicht, aber Schätzungen zufolge sollen es etwa 100 gewesen sein.

Statt Trübsal zu blasen, sollte man am Ende dieser Tour noch einen kleinen Schwenk nach Brașov einlegen und der altehrwürdigen Stadt im Südosten Siebenbürgens einen Besuch abstatten. Gegründet wurde sie im 13. Jahrhundert von den Ritterbrüdern des Deutschen Ordens – unter dem mittlerweile alles andere als harmlosen Namen Corona. Auf Deutsch wird sie heute noch als Kronstadt bezeichnet und ging in die Geschichte Rumäniens unter anderem aufgrund der Arbeiteraufstände gegen die Ceaușescu-Diktatur ruhmreich ein. ◄

Fast 30 Kilometer ungetrübten Fahrspaß bietet die Transrarău.

INFOS ZUR TOUR

CHARAKTERISTIK

Wer von Deutschland mit dem eigenen Motorrad anreist, sollte zwei bis drei Tage einplanen. Immerhin sind es ab Westdeutschland über Österreich bis zum Einstieg in diese Tour knapp 1500 Kilometer. Der Transit durch Ungarn kann ermüden, denn die Puszta ist flach und das Asphaltband der Autobahn erscheint unendlich. Die Horrorgeschichten über die schlaglochtiefen Straßen in Rumänien gehören so gut wie der Vergangenheit an. Dank der EU-Förderung sind die meisten Straßen in Rumänien mittlerweile neu asphaltiert oder werden gerade mit neuem Belag versehen.

PÄSSE DER TOUR

Die Transrarău (47.459756, 25.526124) ist eine Hochgebirgsstraße in den Karpaten, die auf einer Länge von zehn Kilometern kehrenreich bis auf 1651 Meter zum Rarau-Gipfel führt. Auf einer Länge von knapp 100 Kilometern windet sich die Transfăgărășan (45.453590, 24.624980) in unzähligen Kurven durch das Făgăraș-Gebirge in den Transilvanischen Alpen. Der Pass gilt mit seinen 2044 Metern als eine der schönsten Hochgebirgsstraßen der Welt. Die Transalpina (45.523974, 23.645236) ist die höchste Passstraße in Rumänien. Der Scheitelpunkt liegt auf einer Höhe von 2145 Metern.

ÜBERNACHTUNG

The Dome Hotel

Modernes 4-Sterne-Hotel mit gutem Preis-Leistungs-Verhältnis in Satu Mare. Das Motorrad wird sicher im Hof abgestellt.

www.hotel.thedome.ro

GPS 47.793000, 22.87761

Hotel Domeniul Dornei

Das Hotel Domeniul Dornei ist mitten in den Bergen von Vatra Dornei gelegen und bietet sogar einen Spa-Bereich.

www.domeniuldornei.ro

GPS 47.34984, 25.362060

KOMBINATIONSMÖGLICHKEITEN

Bestens mit Tour 3 (Ungarn) zu verbinden.

Im Reich der **hohen Tatra**

Für viele ist die Slowakei nach wie vor ein weißer Fleck auf der persönlichen Motorrad-Europakarte. Dies ist sehr erstaunlich, schließlich hat das kleine Land zwischen Tatra und Karpaten sehr viel zu bieten und will intensiv erkundet werden.

Zum Gipfel des Martinské Hole führt eine abenteuerliche Strecke.

TOUREN-STECKBRIEF

BASISORT
Bratislava (48.13651, 17.11374)

STRECKENLÄNGE
ca. 1460 km

DAUER DER TOUR
5 – 6 Fahrtage

ROADBOOK
Bratislava, Pezinská Baba, Brezová pod Bradlom, Rajec, Martin, Blatnica, Ružomberok, Donovaly, Malatiny, Levoča, Prešov, Košice, Stratená, Smolnik, Banská Bystrica, Hronsek, Bratislava

HIGHLIGHTS
Auffahrt auf den 1250 Meter hohen Berg Martinské Hole (49.094130, 18.834310), UNESCO-Weltkulturerbe in Levoča (49.02564, 20.589350) und die Bergarbeiterstadt Smolnik (48.72957, 20.73939).

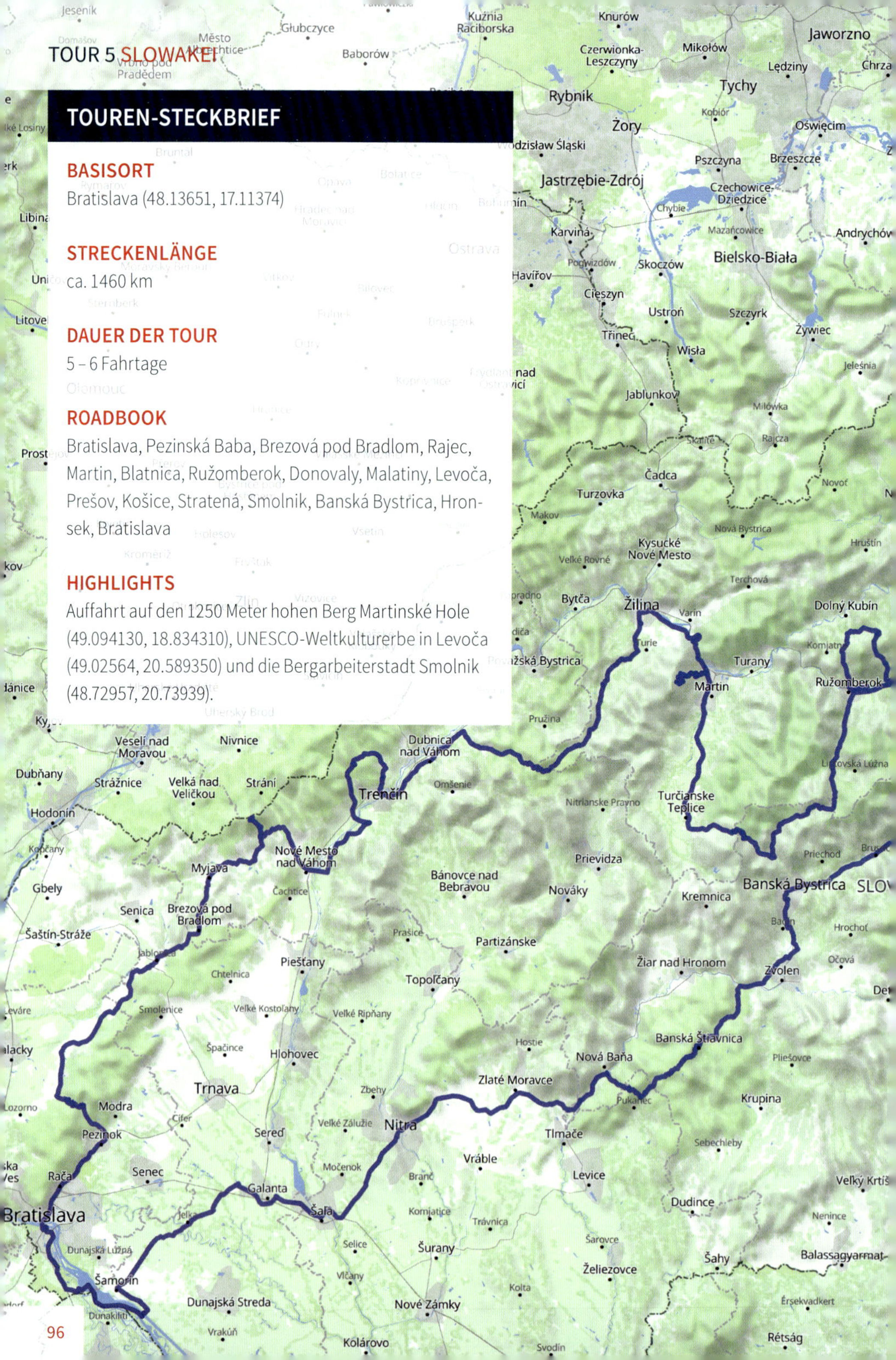

Skała
Proszowice
Dąbrowa Tarnowska
Radomyśl Wielki
Tuszyma
Głogów Małopolski
Koszyce
Nowe Brzesko
Żabno
Nagoszyn
Ocieka
Zielonki
Radłów
Lisia Góra
Mikluszowice
Trzciana
Kraków
Niepołomice
Przyborów
Dębica
Ropczyce
Rzeszó
Kaszów
E 40
Tarnów
Skawina
Wieliczka
Bochnia
Brzesko
Wojnicz
Pilzno
Boguchwała
Nowy Wiśnicz
Tuchów
Dobczyce
Brzostek
Strzyżów
Trzciana
Tymowa
Zakliczyn
Myślenice
Kołaczyce
Łęki Strzyżowskie
Lutcza
Wiśniowa
Szyk
Kamionka Mała
Ciężkowice
Pcim
Biecz
Jasło
Odrzykoń
Limanowa
Tęgoborze
Bobowa
Krosno
Mszana Dolna
Gorlice
Jordanów
Grybów
Załęże
Targowiska
Rabka-Zdrój
Lubomierz
Nowy Sącz
Rymanów
Zagorzyn
Stary Sącz
Dukla
Obidowa
Łabowa
Uście Gorlickie
Tylmanowa
Nowy Targ
Huba
Szczawnica
Piwniczna-Zdrój
Krynica-Zdrój
Wysowa-Zdrój
Posada Jaśliska
Trybsz
Sucha Hora
Muszyna
Zborov
Gerlachov
Habura
Zakopane
Stará Ľubovňa
Bardejov
Hažlín
Svidník
Medzilaborce
Ždiar
Podolínec
Hertník
Kurima
Stropkov
Spišská Belá
Marhaň
Vysoké Tatry
Kežmarok
Lipany
Giraltovce
Sabinov
Terňa
Mikuláš
Štrba
Poprad
Veľký Šariš
Hanušovce nad Topľou
Liptovský Hrádok
Levoča
Spišské Podhradie
Široké
Prešov
Liptovská Teplička
Hranovnica
Spišská Nová Ves
Kendice
Humenné
Krompachy
Vernár
Vranov nad Topľou
Polomka
Pohorelá
Telgárt
Rudňany
Gelnica
Kysak
Dobšiná
Kecerovce
Nacina Ves
Švedlár
Sečovská Polianka
Pohronská Polhora
Michalovce
Muráň
Slavošovce
Košice
Durkov
Sečovce
Tisovec
Revúca
Medzev
Rožňava
Žbince
Moldava nad Bodvou
Trebišov
Jelšava
Slanec
Sirk
Hrhov
Čaňa
Utekáč
Hnúšťa
Kuzmice
Malčice
Veľké
Plešivec
Bódvaszilas
Buzica
Hrachovo
Perkupa
Rakaca
Gönc
Pálháza
Veľký Blh
Poltár
Tornaľa
Vilmány
Kráľovský Chl
Szendrő
Sátoraljaújhely
Rimavská Sobota
Szendrőlád
Encs
Sárospatak
Jesenské
Putnok
Abaújszántó
Fiľakovo
Kazincbarcika
Olaszliszka
Cigánd
Radzovce
Ózd
Szikszó
Tiszakarád
Dédestapolcsány
Sajóbábony
Szerencs
Somoskőújfalu
Borsodnádasd
Rakamaz
Ibrány
Demecser
Salgótarján
Miskolc
Gesztely
Prügy
Kemecse
Bélapátfalva
Sajólád
Tiszalúc
Pétervására
Tiszalök
Nyírtelek
Bakta
Bátonyterenye
Nyékládháza
Felsőtárkány
Tiszavasvári
Nyíregyháza
Recsk
Sály
Emőd
Tiszaújváros
Pásztó
Bogács

Auf dem Gipfel des Bradlo befindet sich das Grabmal von Milan Rastislav Štefánik, einem der Gründerväter des Landes.

Startort dieser Erkundungstour durch die vielfältige Slowakei ist Bratislava, ihre Hauptstadt, die früher einmal Pressburg hieß. Sie befindet sich nur wenige Kilometer hinter der österreichischen Staatsgrenze und ist damit beispielsweise von Wien nur einen Katzensprung entfernt. Das Zentrum bezaubert mit reicher Historie. Ein Rundgang sollte daher unbedingt eingeplant werden, bevor es Richtung Nordosten geht.

Kaum ist die Stadt nicht mehr im Rückspiegel zu erkennen (was erstaunlich schnell geht), erklimmt man auch schon den Pezinská Baba. Seines Zeichens ein grandioser Gebirgspass, der von den einheimischen Motorradfans gerne als Bergrennstrecke genutzt wird. Als 503 verbindet die bestens asphaltierte Straße die Ortschaften Pernek und Pezinok.

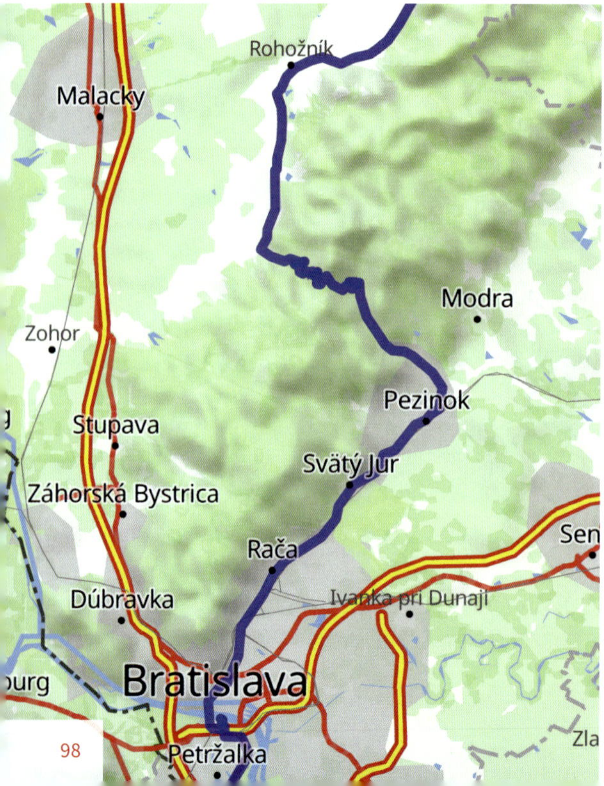

Vor den Toren der Stadt

Der Weg führt einen mitten hinein in, oder besser gesagt: über, den ersten Gebirgszug der an Höhenlagen nicht gerade armen Slowakei. Die Malé Karpaty werden überwunden, die kleinen Karpaten, die direkt vor den Toren der Metropole liegen. Bis auf knapp 800 Meter ragen ihre stark bewaldeten Gipfel empor. Der Pass erreicht immerhin 536 Meter. Das hört sich nach nicht viel an, sorgt aber für jede Menge Fahrspaß auf kurvenreichem Asphalt.

Als nächstes wird das Grenzgebirge der Biele Karpaty, der Weißen Karpaten, angesteuert. Sie bilden die natür-

liche Barriere zu Tschechien, mit dem die Slowakei einst einen gemeinsamen Staatenbund bildete. Zuvor geht es aber noch auf den 543 Metern hohen Bradlo, den Hausberg von Brezová pod Bradlom. Dort steht ein kleiner Spaziergang zum Gipfel an. Hoch oben bewundert man nicht nur die tollen Ausblicke auf das Vorgebirge Myjavská pahorkatina, sondern auch ein monumentales Grabmal, in dem die sterblichen Überreste von Milan Rastislav Štefánik ihre letzte Ruhe gefunden haben. Er war 1918 einer der Gründungsväter der Tschechoslowakei.

Malerisches Waagtal

Wer mag erweist dem Verstorbenen kurz seine Ehre, steuert das Motorrad dann aber wieder den Berg hinab und

Burgruinen wie die von Beckov finden sich im Land zuhauf.

erkundet fortan das malerische Waagtal. Seinen Namen verdankt es der Waag, dem längsten Fluss der Slowakei, die auf einigen Kilometern Wegbegleiter bleibt. Unterwegs kreuzt man die nur noch als Ruine erhaltene Felsenburg Beckov, die um das Jahr 1200 herum im Auftrag des damaligen Königs auf dem Gebirge Považský Inovec erbaut, nach diversen Besitzerwechseln aber 1729 bei einem Brand zerstört wurde. Man befährt einige der spannenden Höhenzüge entlang der slowakisch-tschechischen Grenze, bis man Trenčín auch schon das Zentrum der Region Považie erreicht. Auch hier ist wieder eine Burg die weithin sichtbare Attraktion.

AUTOREN-TIPP

Etwa 15 Kilometer östlich von Bratislava befindet sich das **DANUBIANA MEULENSTEEN ART MUSEUM**, ein spektakuläres Architektur-Highlight. Am Südufer der Donau und auf einer Halbinsel, die in den Gabčíkovo-Stausee hineinragt, thront seit neun Jahren ein zweigeschossiger Glasbau in Form einer römischen Galeere, der von einem 8 000 Quadratmeter großen Skulpturengarten umsäumt ist. Fans von zeitgenössischer Kunst kommen in dem vom niederländischen Sammler Gerard Meulensteen initiierten Bau auf ihre Kosten. **www.danubiana.sk**

Majestätischer Berg

Weitere Ecken des Waagtals wollen erkundet werden und man arbeitet sich bis in den Kurort Rajec vor. Dieser hat mehrere Thermalbäder zu bieten. Nicht weit entfernt, ruft dann der majestätische Berg Martinské Hole. Er gehört zur Kleinen Fatra, die bereits den Karpatenbogen ankündigt.

Sein Gipfel ist ein ganzjährig beliebtes Ausflugsziel. Im Sommer sind es die Wanderer, im Winter die Skifahrer, die ihn bevölkern. Nur Motorradfahrer sind auf ihm eher selten zu entdecken. Ein Erklärungsversuch: Eine Befahrung der mit reichlich Schlaglöchern gesegneten Strecke ist nur zwischen zwölf und 19 Uhr erlaubt. Für die sportlichen, einheimischem Biker sind Zustand und Zeitlimit wohl ein Hinderungsgrund. Wer es dennoch wagt, genießt jeden der knapp 13 Kilo-

meter auf den 1250 Meter hohen Gipfel hinauf.

Slowakisches Karstgebiet

Auf kleinen Nebenstraßen schlängelt man sich weiter bis hübsche Kanalstadt Blatnica. Mit der gleichnamigen Burg will auch hier wieder eine beeindruckende Ruine hoch oberhalb der Stadt bewundert werden, die sich an der Mündung der Täler Gaderská und Blatnická dolina sehr pittoresk in den Talkessel Turčianska kotlina anschmiegt. Man befindet sich mittlerweile im slowakischen Karstgebiet. Mitten in der Stadt hat sich der Fluss – ebenfalls Blatnica genannt – durch das Gestein gefräst und dabei hübsche Kanäle hinterlassen. In ihnen macht sich das Gewässer in Kaskaden auf seinen Weg.

Mit Turčianske Teplice wird abermals ein belebter Kurort passiert. Die folgenden Kilometer sind von mehreren feinen Passstraßen, die einen immer mal wieder an der 900-Meter-Marke kratzen lassen, und einem formidablen Streckenverlauf bis nach Ružomberok geprägt. Verdutzt stellt man fest, dass die Landschaft einen nun an die Toskana erinnert. Keine Sorge: Man hat sich nicht verfahren!

Das Tal Gaderská Dolina ist sehr reizvoll.

Das Tatra-Gebirge dominiert den Norden des Landes.

Stattdessen befinden man sich hier in der Niederen Tatra.

Die Straße ist perfekt asphaltiert. Leider kann man aber so gut wie keinen Blick in die darunter liegende Harmanec-Schlucht erhaschen. Auch ein Aussichtspunkt ist nicht vorhanden. Und ein kurzer Halt am Straßenrand ist auf solchen Abschnitten auch nur selten möglich. Auf der 59 geht es weiter in Richtung Norden. Der Abschnitt ist reich an Kurven und erlaubt hier dann zumindest tolle Ausblicke auf das Tatragebirge.

Die Erde brodelt

Die Strecke nach Ružomberok ist einfach genial, kann aber auch etwas Verkehr aufweisen. Um dem zu entkommen, geht es parallel zur Haupt-

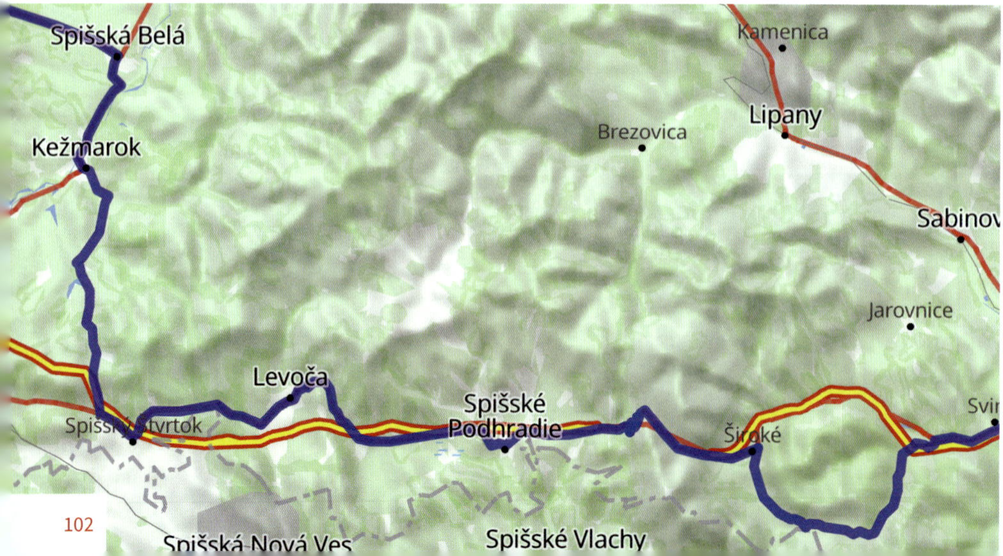

straße über einen Höhenzug und man kommt östlich des Ortes raus. Auf der Südrampe ist alles gut. Zügig geht es bergan. Die Nordrampe hat es dann in sich: große Verwerfungen, Frostaufbrüche und extrem viel Splitt. Auch der Straßenzustand erinnert an die Toskana, nicht zuletzt wegen der geologischen Gegebenheiten. Es ist eine seismisch aktive Gegend, daher auch die vielen Thermen. Allerdings ist es nicht ganz so extrem wie in der Toskana, doch auch hier brodelt es unter der Erdoberfläche.

Wasserfall in der Stadt

Trotz solcher Hindernisse trifft man wohlgemut Malatiny ein. Eine Kuriosität hält nach den nächsten Kilometern gen Norden das Städtchen Lúčky bereit: ein großer Wasserfall, mitten in der Stadt. Er ist zwölf Meter hoch und ergießt sich in mehrere kleinere Becken und kleine Höhlen. Wasser bleibt Thema, denn im Anschluss umrundet man den Stausee Liptovská Mara. Für den Bau des größten Wasserspeichers des Landes wurden in den 1960er Jahren gleich mehrere Dörfer geflutet. Dann endlich man Kurs auf ein weiteres fahrerisches Highlight: die Tatra-Höhenstraße.

Schon früh wird die Tatrabahn Begleiter, die sich in ähnlichen Windungen wie die Straße auf etwa halber Höhe um 1500 Meter die Hänge entlang windet. Sie verbindet die einst renommierten Kurorte, die heute einen

Ein hübsches Schild zur besseren Orientierung.

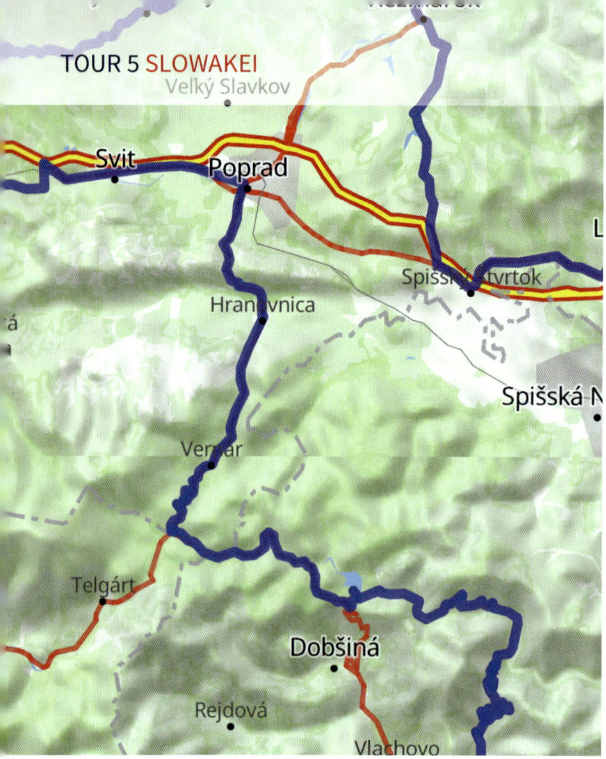

schon leicht morbiden Charme verbreiten. Ungleich schöner ist der Abstecher an den Gletschersee Štrbské Pleso. Er befindet sich in einer Höhe von 1346 Metern und entstand durch das Schmelzen eines nicht mehr existenten Gletschers. Hier genießt man einen phänomenalen Blick auf die Hohe Tatra, den höchsten Teil der Karpaten.

Irgendwann hat jeder Höhenspaß mal ein Ende und es geht nur noch bergab. Das nächste Ziel ist das Schloss Strážky, das nicht nur ein Prunkstück der slowakischen Renaissancearchitektur ist, sondern auch einen Ableger der Nationalgalerie des Landes beherbergt. Zudem ist es von einem zauberhaften Park aus dem 19. Jahrhundert umgeben. Nur wenig später ist dann auch schon die Region Košice erreicht. Und mit ihr die slowakische UNESCO-Region: 18 der insgesamt 26 geschützten Stätten des Landes sind hier versammelt. Daher ist in Levoča ein weiterer Kulturstopp angesagt.

Alles gut erhalten

Die Stadt mit ihren gut 15 000 Einwohnern gehört seit 2009 zum UNESCO-Weltkulturerbe – und zwar aufgrund ihrer gut erhaltenen und als Rechteck gestalteten Altstadt. Die ist von einer schützenden Stadtmauer (im Originalzustand) umgeben und tatsächlich ganz bezaubernd.

Nur wenige Kilometer entfernt befindet sich Spišský hrad (auf Deutsch: Zipser Burg). Sie ist eine der größten Burganlagen Mitteleuropas. Mit ihren Ausmaßen von fast vier Hektar (was ihr ebenfalls einen UNESCO-Eintrag bescherte) ist sie bereits von weitem – selbst Kilometer weit entfernt – gut sichtbar.

Ein sehenswertes Museum zu Ehren von Andy Warhol steht im Nordosten der Slowakei.

Smolnik hat eine interessante Bergwerkshistorie.

Dann will das Dreiländereck im Nordosten der Slowakei – angrenzend an Polen und die Ukraine – erkundet werden. Es geht in die Region Prešovský kraj. Hier kann man dem berühmtesten Sohn der Slowakei seine Aufwartung machen. Andy Warhol, der begnadete Pop-Art-Künstler, wurde 1928 zwar in den USA geboren, seine Eltern stammen jedoch beide aus dem Dorf Miková. Dieses liegt etwa sieben Kilometer nordwestlich von Medzilaborce, wo 1991 das Museum moderner Kunst der Familie Warhol eröffnet wurde.

Über Veľká Domaša, dem „Großen Domaša-Stausee", führt die Tour weiter nach Košice. Mit ihren fast 240 000 Einwohnern ist sie das Zentrum der Ostkarpaten und nach Bratislava die zweitgrößte Stadt des Landes. Dennoch wirkt sie klein, überschaubar, irgendwie schnuckelig und charmant. Kein Wunder, dass sie 2013 Kulturhauptstadt Europas gewesen ist. Der mittelalterliche Kern entstand ab 1230

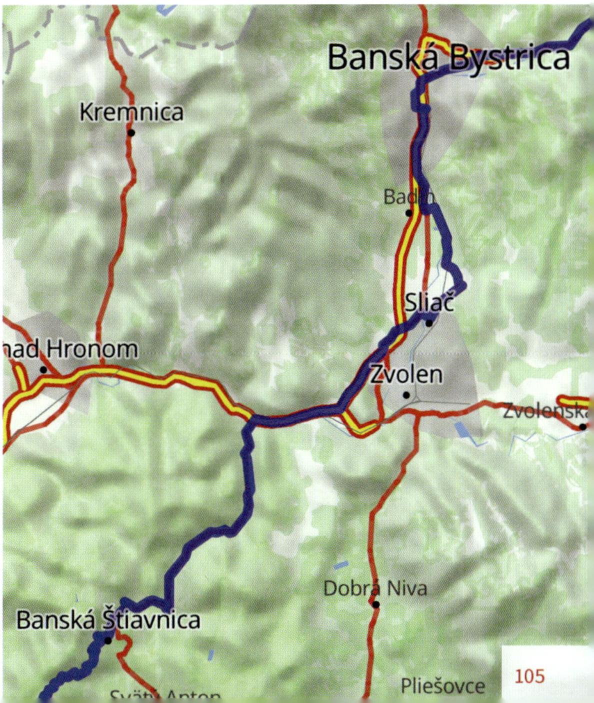

ungefähr auf halbem Weg zwischen Abtei und Burg. Die wichtigsten Sehenswürdigkeiten sind genau hier, im historischen Zentrum, das komplett denkmalgeschützt ist, versammelt.

Weiter geht es in das Slowakische Paradies. Es scheint fast so, als sei dieser Nationalpark, der sich über einen Teil des slowakischen Erzgebirges erstreckt, für uns Motorradreisende gemacht worden zu sein. Vor allem Pässesammler kommen hier auf ihre Kosten. Alleine bis Stratená genießt man etliche davon.

In Hronsek steht eine der bedeutendsten Holzkirchen außerhalb Skandinaviens.

Dann lockt ein Teilstück der slowakischen Variante der Route 66, die fahrerisch in etwa genauso anspruchsvoll ist wie ihr amerikanischer Bruder. Vorbei am futuristischen Gebäude, das ein Denkmal und Museum zum Slowakischen Widerstand gegen den Faschismus beherbergt, geht es nach Banská Bystrica hinein. Die Stadt hat mit ihrem Uhrturm ein Pendant zum schiefen Turm von Pisa.

Der letzte Fahrtag wird gemütlich. Zunächst geht es nach Hronsek, wo nicht nur Gläubige eine der bedeutendsten Holzkirchen außerhalb von Skandinavien besichtigen können. Der Rest des Tages ist dann der Rückfahrt nach Bratislava gewidmet. Entlang der slowakisch-ungarischen Grenze arbeitet man sich cruisend an wechselnden Feldern – mal Sonnenblumen, mal Korn, dann auch Mohn – nach Bratislava zurück. ◀

INFOS ZUR TOUR

CHARAKTERISTIK

Die Tour ist als Rundreise ab / bis Bratislava angelegt und rund 1500 Kilometer lang. Mindestens eine gute Woche sollte eingeplant werden. Die meisten Straßen sind in gutem Zustand.

PÄSSE DER TOUR

Baba-Pass (48.350567, 17.190213) 530 m
Bradlo (48.679539, 17.559671) 543 m
Branisko-Pass (49.017417, 20.857167) 751 m
Čertovica-Pass (48.905518, 19.735965) 1232 m
Donovaly-Pass (48.878164, 19.223751) 960 m
Malý Šturec-Pass (48.838548, 18.99873) 890 m
Martinské hole (49.094627, 18.83474) 1250 m
Nové Štrbské Pleso (49.116776, 20.067623) 1346 m
Sedlo Grajnár (48.857533, 20.514932) 1023 m
Sedlo Súľová (48.812741, 20.480502) 909 m
Štóske sedlo (48.722, 20.761574) 798 m

UNTERKUNFT

Hotel Dunajský Pivovar
Wer in Bratislava nach einer ungewöhnlichen Übernachtung sucht, ist im Hotel Dunajský Pivovar richtig. Auf dem Donau-Schiff befinden sich ein Hotel, ein Restaurant und eine Brauerei. Das Motorrad parkt direkt am Anleger.
www.dunajskypivovar.sk
GPS 48.136609, 17.113852

Sojka Resort
Die großzügigen Zimmer und Appartements befinden sich in Holzhäusern. Ein Schwimmbad sowie das Restaurant gehören zur Anlage.
www.sojka.eu
GPS 49.057595, 19.452328

Hotel Národný Dom
Das schlichte Gebäude des Hotel Národný Dom im Univiertel von Banská Bystrica ist dennoch gemütlich eingerichtet. Lage und Essen sind perfekt, einen gesicherten Parkplatz gibt es auch.
www.hotelnarodnydom.sk
GPS 48.733299, 19.145956

KOMBINATIONSMÖGLICHKEITEN

Tour 3 (Ungarn) und Tour 4 (Rumänien).

Bosnische **Feuchtgebiete**

Wer einmal den nur in Spuckweite befindlichen Una-Nationalpark in Nordbosnien für sich entdeckt hat, fragt sich, warum eigentlich alle Welt zu den Plitvicer Seen möchte. Von hier aus lohnt sich zudem die Weiterfahrt ins spannende Innere des Landes.

Kurvenreich geht es zum Aussichtspunkt oberhalb von Martin Brod hinauf.

TOUREN-STECKBRIEF

START- UND ZIELORT

Bihać (44.82093, 15.857874)
Sarajevo (43.86035, 18.41422)

STRECKENLÄNGE

ca. 345 km

DAUER DER TOUR

1-2 Tage

ROADBOOK

Bihać, Dubovsko, Kulen Vakuf, Martin Brod, Plivsko jezero, Mlinčići, Šibenica, Đelilovac, Donji Vakuf, Travnik, Sarajevo

HIGHLIGHTS

Ein Spaziergang über die Hängebrücke in Martin Brod mit Blick auf die Stromschnellen der Una (44.488681, 16.141421) lohnt zu jeder Jahreszeit. Einen tollen Blick auf den Una-Nationalpark gewährt der Aussichtspunkt (44.488681, 16.141421) oberhalb von Martin Brod. Die 20 historischen Wassermühlen von Mlinčići (44.347442, 17.226182) versetzen einen ins Reich der Hobbits.

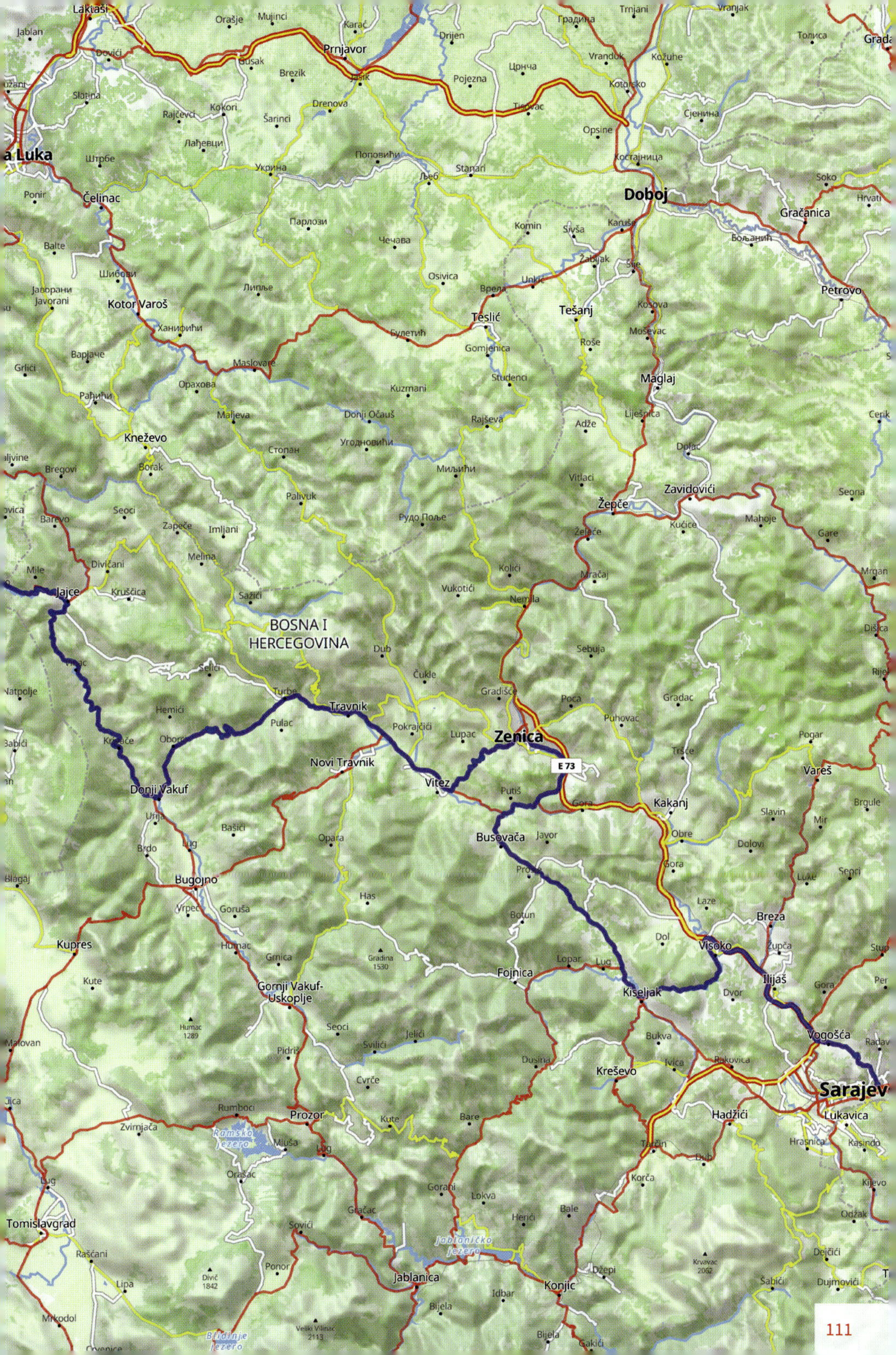
Laktaši
Jablan
Dovići
Orašje
Mujinci
Karać
Prnjavor
Drijen
Градина
Trnjani
Vranjak
Толиса
Grada
Gusak
Brezik
Jošik
Pojezna
Црнча
Vrandük
Kožuhe
Kotorsko
Slatina
Rajčevci
Kokori
Drenova
Šarinci
Tisovac
Opsine
Сјенина
Лађевци
Поповићи
a Luka
Штрбе
Укрина
Лебб
Stanari
Костајница
Doboj
Soko
Hrvati
Ponir
Čelinac
Парлози
Komin
Sivša
Karuša
Gračanica
Бољанић
Balte
Чечава
Žabljak
Šije
Шибови
Osivica
Uknić
Врела
Javorani
Липље
Kotor Varoš
Tešanj
Kosova
Petrovo
Хаинићи
Teslić
Гулетић
Mosevac
Варјаче
Gomjenica
Rоše
Grlići
Maslovare
Maglaj
Орахова
Studenci
Рађићи
Kuzmani
Maljeva
Donji Očauš
Rajševa
Adže
Liješnica
Cerik
Kneževo
Угодновићи
Столан
Borak
Миљићи
Dolac
Bregovi
Vitlaci
Zavidovići
Seona
Palivuk
Žepče
Seoci
Рудо Поље
Mahoje
Barevo
Zapeće
Imljani
Želeće
Kućice
Gare
Melina
Količi
Diviđani
Mile
Mračaj
Mrgan
Jajce
Kruščica
Vukotići
Sažići
Nemila
BOSNA I
HERCEGOVINA
Diška
Dub
Sebuja
Selići
Čukle
Rijek
Natpolje
Turbe
Gradišće
Gradac
Hemići
Travnik
Poca
Pulac
Pokrajčići
Puhovac
Pogar
Kozače
Oborci
Lupac
Zenica
Babići
Trstje
Novi Travnik
E 73
Vareš
Vitez
Putiš
Donji Vakuf
Gora
Kakanj
Brgule
Slavin
Urije
Bašići
Obre
Mir
Opara
Busovača
Javor
Dolovi
Brdo
Lug
Gora
Prosje
Luke
Blagaj
Bugojno
Seoni
Vrpeć
Goruša
Has
Laze
Breza
Botun
Kupres
Humac
Dol
Visoko
Župča
Stup
Gradina 1530
Lopar
Lug
Grnica
Fojnica
Ilijaš
Kute
Gornji Vakuf-Uskoplje
Kiseljak
Dvor
Gora
Per
Humac 1289
Seoci
Vogošća
Jelići
Bukva
Radav
Malovan
Pidriš
Svilići
Ivica
Rakovica
Dusina
Kreševo
Sarajev
Cvrče
Rumboci
Prozor
Kute
Bare
Hadžići
Lukavica
Zvirnjača
Ramsko jezero
Miluša
Lug
Tarčin
Hrasnica
Kasindo
Orašac
Dub
Lug
Korča
Gorani
Kijevo
Lokva
Bale
Gračac
Odžak
Herici
Tomislavgrad
Sovići
Jablaničko jezero
Dejčići
Rašćani
Krvavac 2062
Džepi
Šabići
Dujmovići
Lipa
Divič 1842
Ponor
Jablanica
Konjic
Bijela
Idbar
Mrkodol
Blidinje jezero
Veski Vilinac 2113
Bijela
Gakići
Crvenice

Quasi in Spuckweite zu den berühmten Plitvicer Seen, einer der beliebtesten Sehenswürdigkeiten Kroatiens, befindet sich ein Areal, das für Motorradfahrer sehr viel besser zu erkunden ist als der Nationalpark in Kroatien. Dieser ist vor allem als einer der Schauplätze der Winnetou-Filme berühmt geworden, hat aber auch den Nachteil, Auto- und damit Motorradfrei zu sein. Dadurch bietet er nur für wandernde Urlauber eine echte Attraktion. Zu den berühmten Wasserfällen kommt man ausschließlich zu Fuß oder per Boot. Der in Luftlinie nur rund 60 Kilometer entfernte Nationalpark Una kann dagegen ganz prima mit dem Motorrad erkundet werden.

Ein guter Ausgangspunkt für eine ausgedehnte Erkundungstour durch den nördlichen Teil dieses Nationalparks ist das Städtchen Bihać. Schon wenige Kurvenschwünge hinter der kroatisch-bosnischen Grenze wird einem optisch deutlich: Ja, man ist nunmehr in Bosnien und Herzegowina angekommen. Die Landschaft verändert sich zwar kaum, man cruist weiterhin auf kleinen, kurvenreichen Straßen und ist von sehr viel Wald umgeben, doch dem für gewöhnlich in Zentraleuropa reisenden Motorradfahrer springen die vielen Moscheen und Minarette deutlich ins Auge.

Freundliches Miteinander

Für diejenigen, die in Geschichte nicht ganz so firm sind: Schon seit dem 14. Jahrhundert gehört der Islam in diesem Land, das einst zum Vielvölkerstaat Jugoslawien gehörte und unter den Gräueltaten des Bruderkrieges in den 1990er Jahren am stärksten zu leiden hatte, zu einer der dominierenden Religionen. Gut zwei Millionen Menschen, damit etwa 40 Prozent der Bevölkerung, bekennen sich zu diesem Glauben. Durch das Dayton-Abkommen ist das kleine Land seit 1995 in die

Entlang des Flusses Una ist die Stadt Bihać gewachsen.

beiden politischen Einheiten „Föderation Bosnien und Herzegowina" und „Republika Srpska" eingeteilt. In ersterer ist das Nebeneinander von katholischen, serbisch-orthodoxen Kirchen und eben muslimischen Gotteshäusern absolut selbstverständlich.

Für eine erste Übernachtung sei das Hotel Emporium in Bihać empfohlen, denn ist optimal gelegen: gleich an der Hauptstraße, mit gesichertem und videoüberwachtem Parkplatz und einer Tankstelle direkt nebenan. Auch im Inneren kann es mit mehr als geräumigen Zimmern sowie toller Küche überzeugen. Etwas irritiert dürfte man beim Erstbesuch allerdings ob der vielen Raucher im Restaurant sein. Kein Wunder, schließlich haben wir uns im Laufe der vergangenen Jahre an die strikten Verbote fast überall sonst in Europa gewöhnen dürfen.

Es lohnt sich, einen Bummel durch die gar nicht mal so kleine Stadt einzuplanen. Etwas mehr als 60 000 Einwohner sind hier zu Hause – und nahezu 90 Prozent von ihnen bezeichnen sich als „Bosniaken" und bekennen sich damit zum muslimischen Glauben.

Stadt des Bieres

Dass dieser in diesem Teil der Welt alles andere als extrem oder gar militant gelebt wird, stellt sich beim Spaziergang sehr schnell heraus, denn die Stadt ist voller netter Cafés und Bars. Zudem sitzt hier eine der größten Brauereien des ganzen Landes. Vor allem die Marke Preminger können wir nach diversen Tests wärmstens empfehlen. Zumindest die Sache mit dem Alkoholkonsum wird hier also offenbar ziemlich liberal gehandhabt.

Geschichtlich hat die Stadt so manches mitmachen müssen. Dies ist ihrem Standort als Abgrenzungslinie zwischen der k.u.k.-Monarchie und

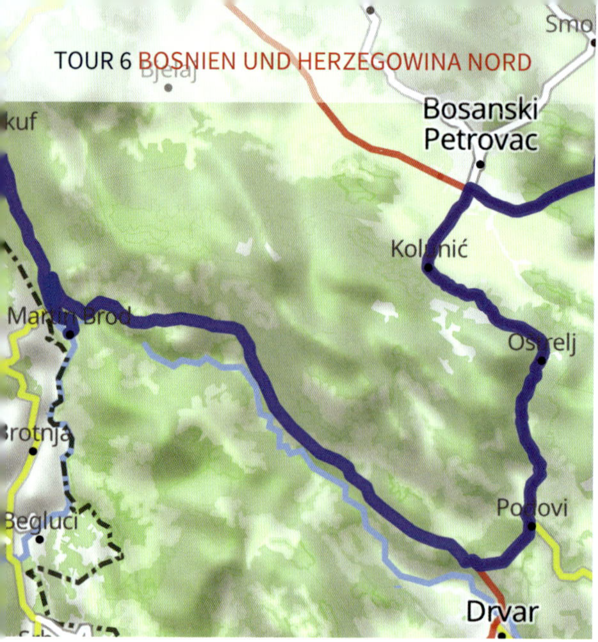

dem Osmanischen Reich geschuldet. Bevor sie im 16. Jahrhundert von den Osmanen erobert wurde, war sie eine Zeitlang Sitz der kroatisch-ungarischen Könige. Danach wurde sie zur osmanischen Festung und daher während der Türkenkriege regelmäßig, der Überlieferung nach 63 Mal, von der österreichischen Armee belagert, ohne jedoch auch nur einmal eingenommen worden zu sein. Sie galt wegen ihrer Festungsmauern als uneinnehmbar.

Dies änderte sich erst im 19. Jahrhundert, als sie schließlich doch in das österreich-ungarische Reich eingegliedert wurde. Die wirtschaftlich beste Zeit fand dann in den jugoslawischen Jahrzehnten statt, während derer Bihać aufgrund der florierenden Textilindustrie endlich einmal wohlhabend gewesen war. In jüngster Zeit war Bihać auch in unseren deutschsprachigen Nachrichten des öfteren präsent. Leider ausschließlich negativ aufgrund der Flüchtlingsströme, die hier in Barracken ein trostloses Dasein mit Hoffnung auf ein besseres Leben fristen müssen.

EXTRA-TIPP

Nördlich von Sarajevo, zwischen den Sädten Olovo und Zavidovići lohnt sich ein Abstecher zur **Krivaja-Schlucht**. Sie ist tief und eng geformt, lässt aber erfreulicherweise genug Platz für einen spektakulären Straßenverlauf. Zunächst windet sich die R404 für knappe 24 Kilometer durch die Region, immer fröhlich dem geschlängelten Verlauf des Flusses folgend. Dann geht sie in die M213 über, die den Schwung mitnimmt und auf den folgenden 47 Kilometern beibehält, bis die Krivaja schließlich als einer der bedeutendsten Zuflüsse in die Bosna mündet. Beide Straßen zusammen werden auch als R467 bezeichnet.
Der Fluss ist Heimat zahlreicher Fischarten und gilt als eines der besten Reviere für Fliegenfischen auf dem Balkan. Gleichzeitig gibt es die Möglichkeit, das Gewässer beim Rafting oder im Kanu zu erleben. Der beste Motorrad-Abschnitt liegt zwischen den Orten Rijeka und Ribnica.

GPS 44.26015, 18.42308

Unzählige Wasserfälle

Zurück auf dem Motorrad: Über die gut ausgebaute Straße, an der gerne geblitzt wird – sowohl stationär, als durch Polizisten (dies gilt übrigens für viele Gegenden in Bosnien und Herzegowina) – geht es dann in den schon eingangs erwähnten Una Nationalpark. Empfohlen sei die von Bihać aus nächstgelegene Einfahrtmöglichkeit in Dubovsko. Man fährt hinein in ein Areal voller grüner Wälder und tiefblauer Gewässer. Immer wieder springen einem während der Fahrt kleinere

Über die Hängebrücke in Martin Brod mit Blick auf die Stromschnellen der Una.

oder auch größere Wasserfälle ins Auge.

Sowohl die geologische, als auch landschaftliche Beschaffenheit ähnelt der in Plitvice sehr. Doch touristisch ist der noch sehr junge Park – erst 2008 erhielt er das Label Nationalpark – noch nahezu unerschlossen. Kaum ein Besucher scheint sich hierher zu verirren. Wenn wir Menschen begegnen, handelt es sich bei ihnen ausnahmslos um Einheimische.

Namensgebend für die fast 20 000 Hektar große Fläche ist der Fluss Una. Von Dubovsko hält man sich in südlicher Richtung und kommt auf der

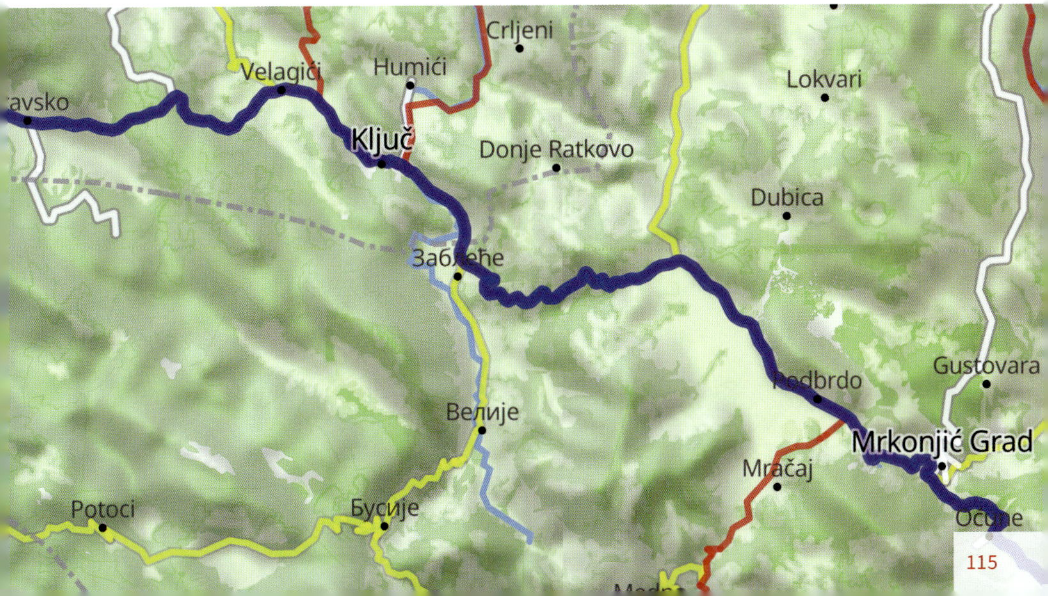

erstaunlich gut ausgebauten Straße fast automatisch nach Kulen Vakuf. Einen Schlenker hinein sollte man durchaus einplanen, denn der Ort ist ein echter Augenschmaus: Viele Häuser sind auf Pfählen oberhalb des Flusses Una erbaut, zudem ist man von allen Seiten von Bergen mit Gipfeln von mehr als 1000 Metern umgeben; ein traumhaftes Panorama. Auf einem von diesen Gipfeln erblickt man zudem die alte Burgruine Ostrovica.

Das kürzlich restaurierte orthodoxe Kloster in Martin Brod.

Unzählige Sakralbauten

Noch weiter in Richtung Süden geht es dann zu einem breiten Talkessel, in dem die kleine Ortschaft Martin Brod entstanden ist. Wer sich für Kultur interessiert, sollte sich dort das serbisch-orthodoxe Kloster St. Nikolaj Rmanj aus dem 15. Jahrhundert ansehen. Überhaupt finden sich in diesem Gebiet unzählige kleine Sakralbauten und auch andere Kulturdenkmäler, die gerne in luftigen Höhen auf den Gipfeln der umliegenden Berge errichtet worden sind.

Bis heute sind sie aber leider nur durch enge, teils abenteuerliche, meist nicht einmal asphaltierte Zugangsstraßen erreichbar. Wohl dem, der mit passender Maschine unterwegs ist. Den Treibern von Dickschiffen muss der Blick zu ihnen hinauf reichen.

Weniger schwierig anzufahren ist die Zufahrt zu der kleinen, roten Hängebrücke an den Una-Stromschnellen. Sie sind bis zu 40 Meter breit und ergießen sich in vielen kleinen Kaskaden flussabwärts. Wer im Frühling vorbeischaut, hat das Gefühl hier von Wasser umringt zu sein, so hoch ist der Wasserstand üblicherweise. Dagegen kann

Blick auf die Una-Schlucht oberhalb von Martin Brod.

man im Herbst die interessante Gesteinsformationen aus Tuff am Ufer bestaunen, die sich bräunlich bis tiefrot aus dem feuchten Nass empor recken.

Spektakuläre Sicht

Der Legende nach ist eine gewisse Marta an dieser Stelle einst ums Leben gekommen, als sie den Flussübergang (der landessprachlich Brod heißt) überqueren wollte, um zu ihrem Geliebten zu gelangen. Sie rutschte am glatten Flussboden aus und an der smaragdfarbenen Oberfläche war für einen Augenblick nur noch ihr blondes Haar zu sehen.

Ihr zu Ehren wurde der Ort, der ursprünglich Rmanj hieß, in Martin Brod umbenannt und die Brücke errichtet, auf das kein Mensch hier mehr zu Schaden kommen müsse. Wer Lust hat, kann im Übrigen gegen ein kleines Entgelt einen kurzen Fußmarsch hinauf zu einem Wasserfall wagen, um dort noch eine andere spektakuläre Sicht genießen zu können.

Diese genießt man wenige Minuten später auch, allerdings ohne Fußmarsch, dafür mit ordentlich „Stoff". In Richtung Osten geht eine tolle, kurvige Bergstraße hinauf, die so gut ausgebaut ist, dass man fast Mühe hat, rechtzeitig vor dem Aussichtspunkt in die Eisen zu gehen. Von hier aus kann man den Fluss und die Brücke, an der man kurz zuvor noch gestanden hat, aus der Vogelperspektive bestaunen.

Wenige Kilometer später verlässt man den Nationalpark auch schon wieder. Der nächste empfehlenswerte Stopp ist dann das Städtchen Ključ. Die namensgebende Festung (Ključ bedeutet Schlüssel, hier im Sinne von „Schlüssel von Bosnien“ zu verstehen) wurde in der ersten Hälfte des 14. Jahrhunderts erbaut, konnte sich aber wie so viele andere im Laufe der Jahrhunderte nicht halten.

Die Festung von Ključ.

Auf den nun folgenden Kilometern sollte man sich nicht wundern, wenn einem die Verkehrsschilder zwar nicht spanisch, aber unlesbar vorkommen: Sie sind hier fast ausnahmslos nur in kyrillischer Schrift bedruckt, da man kurzzeitig durch die „Republika Srbska“ hindurchfährt. Kurz vor Jajce am schönen Pliva See (Plivsko jezero) tritt man aber wieder in das Gebiet der Föderation Bosnien und Herzegowina ein.

Historische Wassermühlen

Der See eignet sich hervorragend für eine längere Pause, zumal eine Übernachtungsmöglichkeit in dem durchaus annehmbaren Motel mit guter Küche direkt am Wasser zur Verfügung steht. Bei der Pliva handelt es sich um einen 33 Kilometer langen Fluss, der sich vor Jajce in den Großen Pliva See (Veliko Plivsko jezero) ergießt.

Der große See geht in den Kleinen Pliva See (Malo Plivsko jezero) über

Ein beliebtes Ausflugsziel sind die 20 Wassermühlen von Mlinčići.

– und genau zwischen diesen beiden Seen (und fußläufig vom Motel entfernt) findet man die 20 historische Wassermühlen von Mlinčići, deren Ursprung auf die Zeit der osmanischen Besetzung zurückgeführt wird. Betrieben werden die Mühlen nicht mehr, dafür scheint man im Reich der Hobbits angekommen zu sein.

Für die bosnische Geschichte hat der Ort Jajce eine wichtige Bedeutung, denn schon im 15. Jahrhundert war er dicht besiedelt und Sitz des damals herrschenden bosnischen Königs. Hier starb im Jahr 1463 der letzte Thronhalter Stjepan Tomašević. Die Altstadt soll Gerüchten zufolge kurz vor der Erhebung in die UNESCO-Weltkulturerbeliste stehen, was unter anderem den frappierend weißen Häuser geschuldet ist.

Die Farbe entstand dadurch, dass im Mittelalter dem Mörtel zerriebene Eierschalen beigemischt wurden. Dadurch leitete sich auch der Ortsname ab, denn „jaje“ heißt auf bosnisch Ei.

Der direkte Weg zum nächsten Zwischenstopp Travnik führt über eine sehr schöne kurvenreiche Straße durch Šibenica und Đelilovac. Die Al-

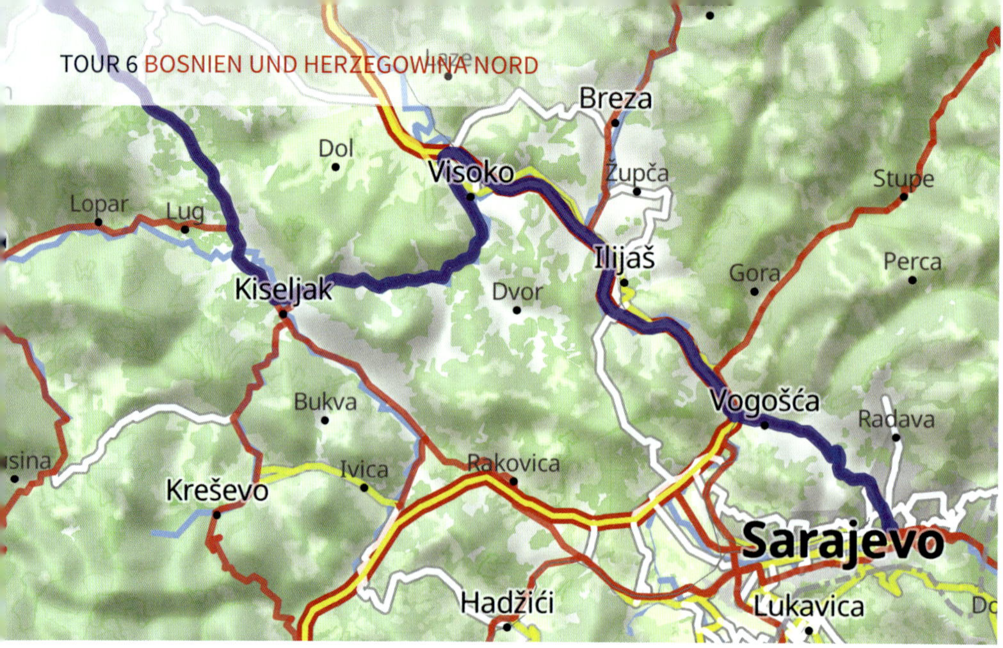

ternativroute ist erheblich länger, weil mit einem ordentlichen Südschwenker über Donji Vakuf verbunden. Aber beide Wege führen dann schließlich doch im schon erwähnten Travnik zusammen. Einem Ort, von dem zumindest Leser aus Leipzig schon einmal gehört haben sollten – schließlich ist es ihre Partnerstadt.

Stadt eines Sultans

Auch diese Stadt liegt pittoresk in einem Tal, diesmal mit Namen Lašva, versteckt und ist von den umliegenden, sehr grünen Gebirgszügen Vlašić und Vranica optisch nahezu umzingelt. Für 150 Jahre war Travnik unter der osmanischen Herrschaft Residenzstadt eines Sultans. Während dieser Zeit entwickelte sie sich zum bedeutendsten Handels- und Handwerkszentrum und wichtigem diplomatischen Mittelpunkt Bosniens. Im 19. Jahrhundert kamen die Franzosen und später auch die Österreicher um Besitzansprüche anzumelden.

Diese Epoche hat der gebürtige Travniker und Schriftsteller Ivo Andrić in seinen Romanen, vor allem der Travniker Chronik „Wesire und Konsuln“ sehr detailreich geschildert, wofür er im Jahre 1961 den Literatur-Nobelpreis erhielt. In seinem Geburtshaus befindet sich heute das sehenswerte Andrić-Museum, das unbedingt einen Besuch wert ist.

Die letzten 100 Kilometer bis nach Sarajevo sind dann schnell und bequem überbrückt, wenn man einen Teil des bislang einzig realisierten Autobahnabschnitts des kleinen Landes nimmt. Das kostet zwar Maut, aber die nicht einmal drei Euro sind angesichts der unspektakulären und langweiligen Alternativroute über die Dörfer zu verschmerzen … ◀

INFOS ZUR TOUR

CHARAKTERISTIK

Die Hauptverkehrswege im Norden Bosniens sind in gutem, mittlerweile sogar teils sehr gutem Zustand. Das Gebiet ist abseits der Städte von touristischen Aktivitäten weitgehend unberührt. Dementsprechend gering ist vor allem auf den kleinen Nebenstraßen die Verkehrsdichte. Das Tankstellennetzt ist aber dennoch sehr gut ausgebaut.

ÜBERNACHTUNG

Hotel Emporium

Das Hotel in Bihać bietet einen überwachten Parkplatz, sensationell große Zimmer und ein gutes Restaurant. Tankstelle direkt nebenan.
www.emporium.ba
GPS 44.82093, 15.857874

Opal Exklusive

Direkt an der Una und dennoch fußläufig ins Zentrum von Bihać gelegen, begeistert dieses Hotel vor allem mit seiner Küche und der netten Terrasse mit Blick auf die Kaskaden. Ein eigener Parkplatz ist vorhanden.
www.opalhoteli.com
GPS 44.819850, 15.870553

Plivsko Jezero Hotel

Namensgeber des Hotels ist der See, an dem er gelegen ist. Gute Ausstattung, eigener Parkplatz.
www.plivskojezero.com
GPS 44.347000, 17.220490

Apartment MG

Das Apartment, das für bis zu vier Personen ausgelegt ist, befindet sich im Zentrum von Sarajevo. Gastgeber Hajo ist Mitglied im örtlichen Motorradclub und bietet neben einer Garage daher auch feine Insidertipps.
www.apartment-mg.sarajevohotels.org/de/
GPS 43.854803, 18.422952

KOMBINATIONSMÖGLICHKEITEN

Nahtlos kann man die Tour 8 anhängen.

Kulturelles Mekka

Sarajevo, die Hauptstadt von Bosnien und Herzegowina, war und ist das Konglomerat vieler Kulturen. Sie trägt den Beinamen „Klein-Jerusalem“.

Baščaršija ist das älteste und osmanisch geprägte Stadtviertel.

Bereits ein Spaziergang durch das Zentrum entführt den Besucher wie in einem Zeitraffer durch die mehr als wechselvolle Geschichte. Die Spuren sind nach wie vor deutlich zu erkennen, im Positiven wie leider auch im Negativen.

MARŠALA TITA Man beginne am empfehlenswerten Hotel Colors Inn. Von hier aus ist die Hauptstraße **Maršala Tita** in nur wenigen Schritten erreicht. Sie verweist auf den legendären jugoslawischen Staatspräsidenten, deren sozialistische Prachtbauten in diesem Teil der Stadt sich sehr markant – und weitestgehend in erstaunlich gutem Zustand präsentieren. Im Inneren der Gebäude finden sich vor allem Shoppingareale, in denen international bekannte Marken wie in jedem anderen Teil Europas auch käuflich zu erwerben sind. Also alles soweit normal.

VELIKI PARK Doch man passiert gleichzeitig den **Veliki Park** (großer Park – und tatsächlich ist er der größte der Stadt), der mit einem weithin sichtbaren

Mahnmal an die jüngste Tragödie der Bevölkerung erinnert: Ein stilisiertes, zersplittertes Herz verweist auf die Kinder, die während des Bruderkrieges, der hier zwischen 1992 und 1995 tobte, gestorben sind. Es waren 1300.

Dann ändert sich das Bild und fast kommt man sich vor, als würde man durch die Straßen Wiens schlendern. Ein österreichisch angehauchtes Café steht neben dem anderen. Deren Monarchie hat hier ab 1878 das Sagen gehabt und ihren Architekturgeschmack hinterlassen.

KLEIN-JERUSALEM Als nächstes betritt man die Altstadt. Schnell wird klar, warum Sarajevo den Beinamen „Klein-Jerusalem" trägt: Sakrale Bauten der wichtigsten Weltreligionen sind hier auf engstem Raum versammelt. Stolz thront eine römisch-katholische fast neben einer serbisch-orthodoxen Kathedrale. Dazu kommen je eine sephardische und aschkenasische Synagoge und unzählige Moscheen.

Sie sind nicht zufällig angeordnet: Genau wie man von Westen nach Osten geht, scheint man plötzlich auch den Übergang von Okzident zu Orient zu vollziehen. Man tritt in die **Baščaršija**, in das älteste und nach wie vor osmanisch geprägte Stadtviertel.

Von hier geht es Richtung Süden zum Fluss **Miljacka**, der quer durch die Stadt fließt. Automatisch kommt man zur **Lateinerbrücke**, die in der europäischen Geschichte in trauriger Erinnerung bleiben wird. Hier erschoss der erst 19 Jahre alte Gavrilo Princip am 28. Juni 1914 den Erzherzog Franz Ferdinand und sorgte damit für das Ende der österreich-ungarischen Herrschaft, aber auch für den Ausbruch des Ersten Weltkrieges.

Doch von all diesen Tragödien lassen sich die Einwohner nicht unterkriegen. Statt sich auf den Hass der Vergangenheit zu konzentrieren, schauen sie in die Zukunft. Und die ist herausfordernd genug. Die Arbeitslosenquote ist wie im ganzen Land hoch, doch finden hier noch verhältnismäßig viele Menschen einen Job.

Sarajevos prächtiges Rathaus liegt direkt am Fluss Miljacka.

Dies liegt auch an uns – den auswärtigen Besuchern, die hier übernachten, konsumieren und damit wichtige Devisen ins Land bringen. Dementsprechend freundlich wird man empfangen. Besonders deutlich zeigt sich die Gastfreundschaft in den Restaurants. Unzählige Leckereien werden üblicherweise aufgetischt und zum Abschluss gibt es meist noch einen Kaffee „aufs Haus". **www.sarajevo.ba/en**

Entlang der **Neretva**

Um das Innere von Bosnien und Herzegowina zu entdecken, lohnt es sich kurz hinter Sarajevo dem Fluss Neretva zu folgen, der sich in unterschiedlichsten Ausprägungen quer durch das Land windet, bevor er in die Adria mündet.

Abwechslungsreiche Landschaften und einsame Straße in der Republika Srbska.

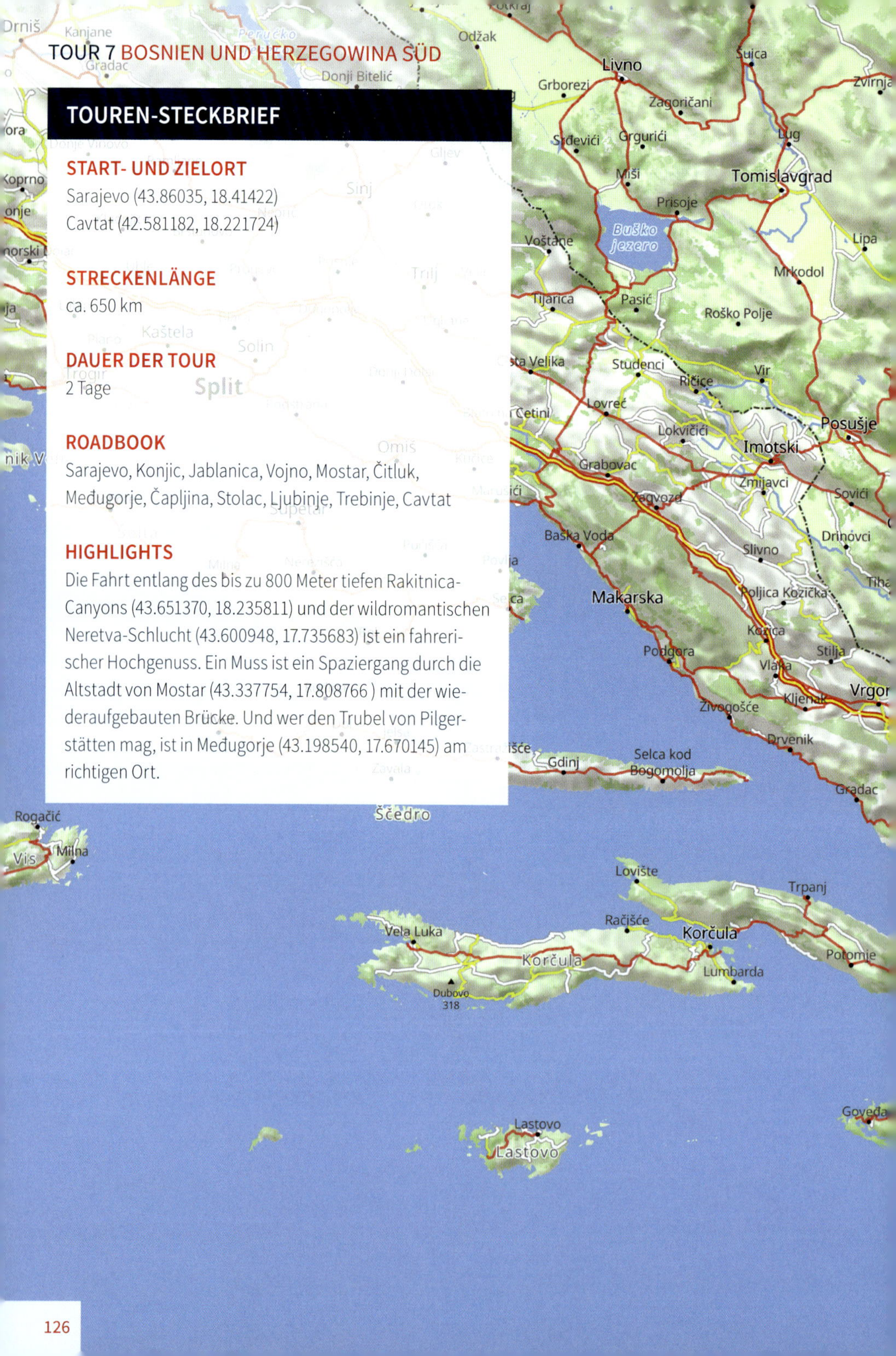

TOUREN-STECKBRIEF

START- UND ZIELORT

Sarajevo (43.86035, 18.41422)
Cavtat (42.581182, 18.221724)

STRECKENLÄNGE

ca. 650 km

DAUER DER TOUR

2 Tage

ROADBOOK

Sarajevo, Konjic, Jablanica, Vojno, Mostar, Čitluk, Međugorje, Čapljina, Stolac, Ljubinje, Trebinje, Cavtat

HIGHLIGHTS

Die Fahrt entlang des bis zu 800 Meter tiefen Rakitnica-Canyons (43.651370, 18.235811) und der wildromantischen Neretva-Schlucht (43.600948, 17.735683) ist ein fahrerischer Hochgenuss. Ein Muss ist ein Spaziergang durch die Altstadt von Mostar (43.337754, 17.808766) mit der wiederaufgebauten Brücke. Und wer den Trubel von Pilgerstätten mag, ist in Međugorje (43.198540, 17.670145) am richtigen Ort.

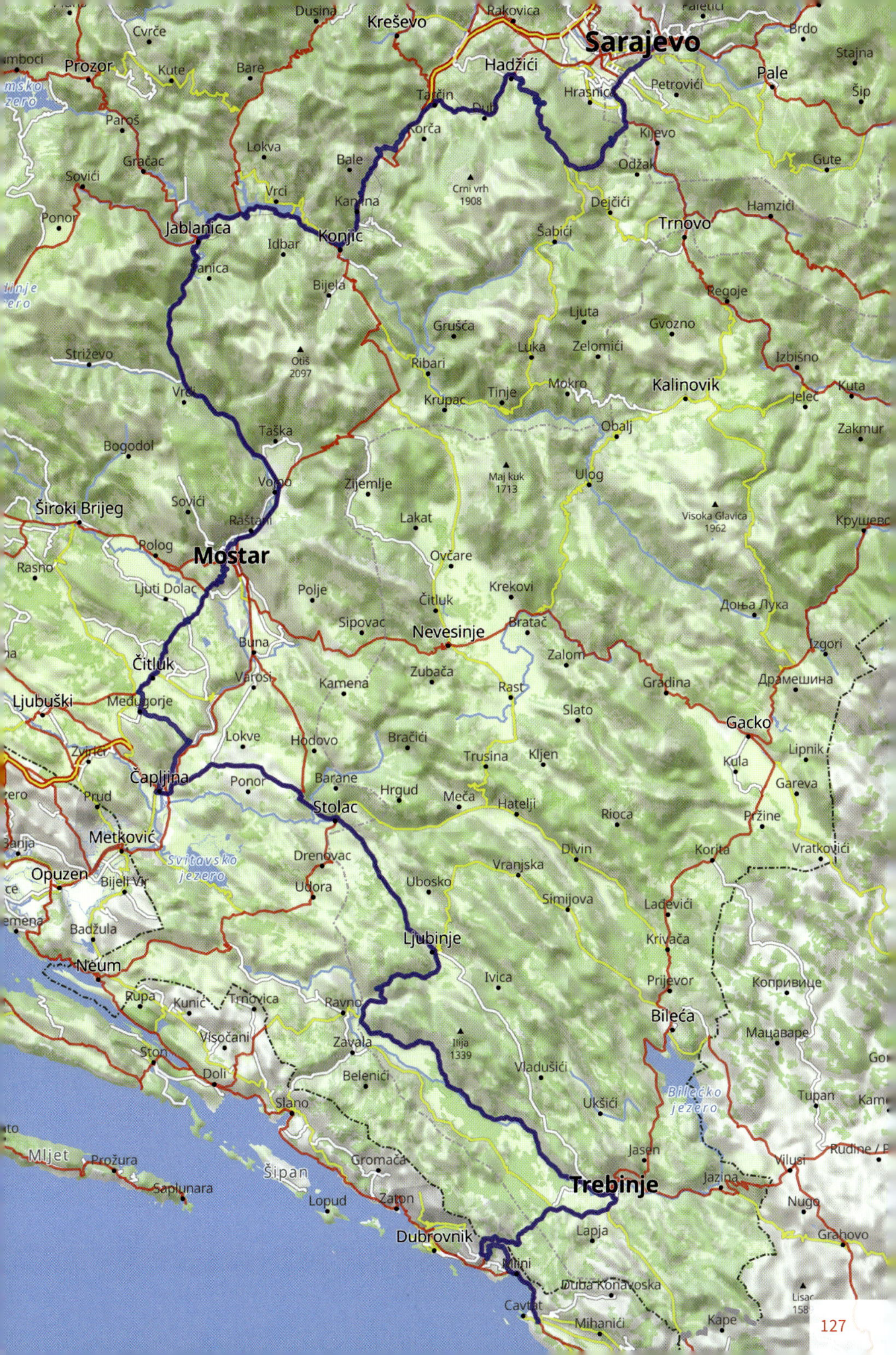
Sarajevo
Dusina
Kreševo
Rakovica
Brdo
Stajna
Cvrče
Prozor
Kute
Bare
Hadžići
Pale
Petrovići
Hrasnica
Šip
Tarčin
Paroš
Korča
Kijevo
Lokva
Gračac
Bale
Odžak
Gute
Sovići
Crni vrh
1908
Vrci
Dejčići
Ponor
Kamena
Hamzići
Jablanica
Idbar
Konjic
Šabići
Trnovo
Bijela
Regoje
Striževo
Ljuta
Gvozno
Grušča
Luka
Zelomići
Otiš
2097
Izbišno
Ribari
Vrdi
Krupac
Tinje
Mokro
Kalinovik
Jelec
Kuta
Taška
Obalj
Zakmur
Bogodol
Maj kuk
1713
Ulog
Vojno
Zijemlje
Visoka Glavica
1962
Sovići
Široki Brijeg
Lakat
Raštani
Rolog
Mostar
Ovčare
Rasno
Ljuti Dolac
Polje
Krekovi
Čitluk
Doња Лука
Sipovac
Bratač
Nevesinje
Buna
Izgori
Čitluk
Zalom
Varoši
Zubača
Kamena
Gradina
Дрaмeшина
Ljubuški
Međugorje
Rast
Slato
Gacko
Lokve
Hodovo
Bračići
Lipnik
Kljen
Trusina
Kula
Čapljina
Ponor
Barane
Gareva
Hrgud
Prud
Meča
Stolac
Hatelji
Rioca
Pržine
Metković
Divin
Korita
Vratkovići
Drenovac
Opuzen
Svitavsko jezero
Bijeli Vir
Vranjska
Udora
Uboško
Lađevići
Simijova
Badžula
Ljubinje
Kriváča
Neum
Ivica
Prijevor
Konpивице
Rupa
Kunić
Trnovica
Ravno
Bileća
Mацаваре
Višočani
Zavala
Ilija
1339
Ston
Vladušići
Doli
Beleniči
Tupan
Bilećko jezero
Slano
Ukšići
Mljet
Jasen
Rudine
Prožura
Šipan
Gromača
Vilusi
Jazina
Saplunara
Trebinje
Lopud
Zaton
Nudo
Lapja
Dubrovnik
Grahovo
Mlini
Duba Konavoska
Lisac
Cavtat
Mihanići
Kape

Blick auf die Sprungschanze oberhalb von Sarajevo (oben) und in ein typisches Souvenirgeschäft in der Altstadt (unten).

Den Startort Sarajevo verlässt man über den sich rund 15 Kilometer südwestlich der Stadt erhebenden Gebirgszug Bjelašnica. Er gehört zum Dinarischen Gebirge und ist bei den Menschen, die im Umland leben, ein beliebtes Skigebiet. Dies könnte er auch für deutsche Urlauber sein, wenn die Infrastruktur vor allem in puncto Unterkunft und Leihausrüstung nur ein klein wenig besser wäre.

Doch da Motorradreisende Regionen üblicherweise nicht auf Skiern erkunden, ist dies zunächst einmal nebensächlich. Dennoch ist es in und um Sarajevo kaum möglich dem Thema Wintersport zu entfliehen, schließlich wurde die Stadt als Ausrichterin der Olympischen Winterspiele im Jahre 1984 einem großen Publikum bekannt und auch in Übersee wahrgenommen – und dies endlich einmal mit positiven Schlagzeilen.

Bis dato kannte man Sarajevo, wenn überhaupt, nur als jene Stadt in der der österreichische Thronfolger Erzherzog Franz Ferdinand samt junger Gemahlin 1914 einem Anschlag zum Opfer fiel, der schlussendlich der Auslöser zum Ersten Weltkrieg wurde. Kein Jahrzehnt nach den Olympischen Winterspielen beherrschten dann bekanntlich erneut kriegerische Schreckensmeldungen das Bild der Stadt.

Monströses Stadion

Mitten im Zentrum ist das monströse und leider recht heruntergekommene Stadion sehr präsent. In Anbetracht seiner Anmutung mag man kaum glauben, dass es noch in Betrieb ist. Doch tatsächlich wird es vom örtlichen Fußballverein FK Sarajevo wie auch als Heimspielstätte der Fußballnationalmannschaft regelmäßig genutzt. Erbaut worden ist es übrigens nicht anlässlich der Olympischen Spiele – wenngleich die Eröffnungszeremonie dort stattfand –, sondern bereits kurz nach dem Zweiten Weltkrieg.

Dies gilt nicht für die Sprungschanzen-Anlage auf dem Berg Igman, die einem bei der Weiterfahrt in das eingangs schon erwähnte Gebirge Bjelašnica förmlich ins Auge stechen. Sie wurde als „Igman Olympic Jumps" konzipiert und erbaut, und würde vielleicht nach wie vor für sportliche Wettbewerbe genutzt werden, wenn sie durch den Bruderkrieg nicht so stark in Mitleidenschaft gezogen worden wäre.

Rein fahrerisch ist aber an den Straßen beider Gebirge nichts auszusetzen, zumal in jüngster Zeit fleißig saniert wurde. Aber es kann einem in

diesem trotz luftiger Höhen von gut 1500 Metern sehr waldreichen Gebiet immer wieder passieren, dass Holzstücke auf dem Weg liegen oder man sich urplötzlich inmitten einer Schafherde wiederfindet. Zeitweise fühlt man sich angesichts der vielen Wollknäuel beinahe nach Irland versetzt.

AUTOREN-TIPP

Einfach zu finden ist **Titos Bunker** vor den Toren der Stadt Konjic zugegebenermaßen nicht. Aber das war ja auch Sinn der Sache. Solche Bauten sollten schließlich im Kriegsfall vor Angriffen schützen. Unter höchster Geheimhaltung wurde 280 Meter tief im Bjelašnica-Gebirges zwischen 1953 bis 1979 das 6500 Quadratmeter große Objekt D-0 gebaut. D steht für nationale Sicherheit, die Null für die höchste Geheimhaltungsstufe. Das Areal kann inzwischen besichtigt werden. Seit 2011 wird in einem Teil des Bunkers zudem eine Kunstbiennale durchgeführt.

www.bijenale.ba **GPS** 43.632286, 18.001503

Stetiger Begleiter

Die Weiterfahrt erfolgt entlang des 24 Kilometer langen und bis zu 800 Meter tiefen Rakitnica-Canyons. Dieser zählt zu den tiefsten Schluchten des Dinarischen Gebirges und trennt die Bergmassive von Bjelašnica im Norden und Visočica im Süden voneinander. Bald darauf trifft man dann auch endlich auf den Fluss Neretva, der einen fast den gesamten restlichen Tag in den verschiedensten Ausprägungen begleiten wird.

Obgleich er im Südosten beinahe an der montenegrinischen Grenze entspringt, wirft er einen ordentlichen Bogen, so ziemlich quer durch das ganze Land: Erst fließt er in westlicher Richtung, dann gen Norden, nur um sich recht abrupt schnurstracks zurück nach Süden zu begeben. 203 ihrer insgesamt 225 Kilometer Länge strömen durch Bosnien und Herzegowina, bevor die Neretva schlussendlich in Kroatien in die Adria mündet. Dort wird man am Ende der Tour auch sein.

Zunächst lohnt sich aber durchaus ein kleiner Bummel durch die Stadt Konjic, deren prächtige Brücke über die Neretva mächtig Eindruck macht. In der Altstadt sind zudem zahlreiche Sehenswürdigkeiten aus dem Mittelalter noch erstaunlich gut erhalten. Ein Spaziergang sollte eingeplant werden.

Weiter geht es nach Jablanica, wo man sich mit frischem Lamm vom Spieß stärkt, nachdem man den mächtigen See Jablaničko jezero passiert hat, in dem die Neretva gestaut wird. Die Stärkung kommt genau im richtigen Moment, denn die nun folgenden Kilometer gen Süden machen mächtig Spaß, vor allem weil man sich an der Umgebung kaum sattsehen kann.

Grandioses Panorama

Schon der See Jablaničko jezero zwängt sich zwischen die sehr kargen Gebirge Čvrsnica und Prenj ein. Die Landschaft verengt sich bald darauf noch mehr, nur um sich schließlich am Ausgang der wunderbaren Neretva-Schlucht (Neretva klisura) erneut auszubreiten.

Diese Schlucht bietet deshalb ein so grandioses Panorama, weil sich die umgebenden Gipfel auf Höhen von über 2100 Meter befinden. Die Straße führt für Kilometer ganz dicht

In Jablanica stärkt man sich mit gegrilltem Lamm, bevor es in die Neretva-Schlucht hineingeht.

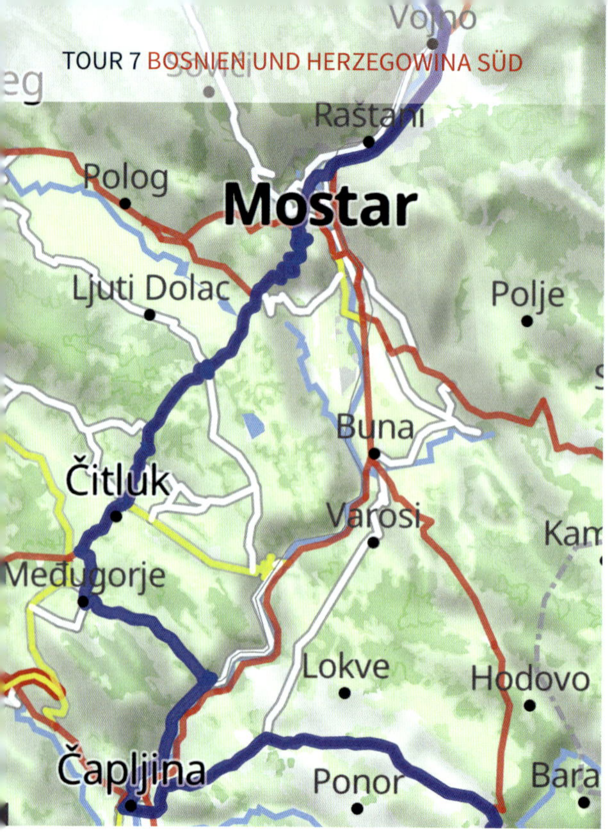

am Fluss entlang, so dass man das tiefblaue Wasser in der wildromantischen Schlucht, das zu jeder Jahreszeit ganz zauberhaft glitzert, bestens beobachten kann.

Am mittleren Lauf der Neretva erreicht man schließlich Mostar. Es ist die Hauptstadt der Föderation und gilt nicht wenigen als schönste Stadt des Landes. Zu beiden Seiten des Flusses breitet sich Mostar in einem nur etwa 60 Meter über dem Meeresspiegel liegenden Talkessel aus, der von den Karstgebirgen Velež und Čabulja umgeben ist, die beide die 2 000er Höhenmarke ankratzen.

Temperaturen-Gefälle

Das Mittelmeerklima, welches von der Adria hinauf weht, ist hier sehr präsent. Aufgrund dieses Einflusses kann die Temperatur in der Stadt im Frühling deutlich über 20 Grad liegen, während auf den Bergen noch Schnee liegt. Im Sommer staut sich allerdings alles, sodass Temperaturen jenseits der 40-Grad-Celsius-Marke an der Tagesordnung sind.

Ein guter Ausgangspunkt für einen Spaziergang ist der – gesicherte – Park-

Die zauberhafte Altstadt von Mostar liegt am mittleren Lauf der Neretva.

platz an der weithin sichtbaren Franziskanerkirche. Von dort aus sind die kleinen, schon im Mittelalter angelegten Gassen in wenigen Minuten zu erreichen. Diese sind beinahe das ganze Jahr über mit schaulustigen Touristen aus aller Herren Länder gespickt, was dem Genuss nicht unbedingt Abbruch tut. Pflichtprogramm ist der Spaziergang über „stari most", die Alte Brücke und Wahrzeichen der Stadt. Sie erhebt sich über die Neretva und verbindet Mostars zwei Hälften.

Diese Brücke wurde zum Synonym der Gräuel im jugoslawischen Bruderkrieg. Erbaut ab 1566, also noch zu osmanischen Zeiten, wurde sie 1993 zerstört. Gute elf Jahre sollte es dauern, bis sie schlussendlich wieder aufgebaut wurde. Seit 2005 gehört nicht nur die Brücke, sondern die gesamte Altstadt zum UNESCO-Weltkulturerbe.

An der Weinstraße entlang

Durch das breite und sehr fruchtbare Neretvatal führt eine recht neue Weinstraße (vinska cesta) von Mostar weiter nach Süden. Einstellen sollte man sich bald darauf auf kyrillsche Schriftzeichen, da man die Republika Srbska durchquert. Auffallend in diesem Gebiet sind die vielen, im neuen Glanz erstrahlenden orthodoxen Kirchen, bei denen man sich unwillkürlich fragt, für wen genau diese neu gebaut oder restauriert worden sind, denn auf viele Menschen trifft man auf den folgenden Kilometern ganz und gar nicht.

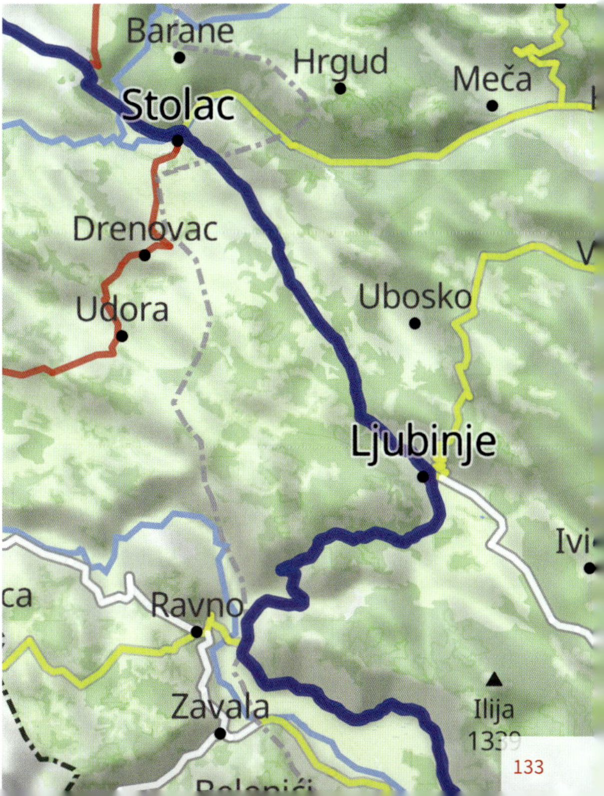

In Međugorje zeigt sich dagegen ein völlig anderes Bild. In der kleinen Gemeinde leben zwar nur knapp über 2000 Menschen, diese bekommen aber regelmäßig Besuch – und zwar zuhauf. Rund eine Million gläubige Katholiken pilgern jährlich dorthin, nachdem sechs Jugendliche im Jahre 1981 von einer Marienerscheinung am Berg Crnica berichteten. Offiziell anerkannt vom Vatikan ist die Pilgerstätte zwar nicht, das schadet der Beliebtheit allerdings nicht.

Zurück auf dem Motorrad hat man die Straße kilometerlang wieder ganz für sich. Die Landschaften sind extrem unterschiedlich. Man hat das Gefühl nach jeder zweiten, dritten Kurve in eine ganz neue Region einzutauchen: Mal sind die Gebirge grün bewachsen, dann wieder völlig kahl. Der eine Berg strahlt Terracottarot, der andere grausilbern-weiß, und schließlich durchquert man durch völlig flache Gebiete, die an die amerikanische Prärie erinnern. Ein Wechselspiel ohnegleichen!

Mit Trebinje ist die größte Stadt dieser Region erreicht, die auf einem idyllischen Hochplateau thront. Die Grenze nach Kroatien ist wenig später auszumachen, und zwei Kurven weiter blickt man aus luftigen Berghöhen dann auch schon auf die Blau schimmernde Adria hinunter. Cavtat am Südende der kroatischen Magistrale ist von hier aus in weniger als einer Stunde erreicht. ◄

INFOS ZUR TOUR

CHARAKTERISTIK

Die Straßen sind meist in einem erstaunlich guten Zustand, was auch an den vielen Sanierungsmaßnahmen liegt. Nachteil: Man steht oft vor Baustellen. Ausreichend Zeit sollte man für die Besichtigung der Städte Sarajevo und Mostar einplanen.

ÜBERNACHTUNG

Colors Inn

Phänomenal ist das optisch eher schlichte Colors Inn im Zentrum von Sarajevo. Hinter dem Haus, abseits der Straße, ist der gesicherte Parkplatz. Die Zimmer sind sehr modern und das Frühstück mehr als eine Offenbarung.

www.hotelcolorsinnsarajevo.com

GPS 43.860318, 18.414325

Hotel Quattro

Ansprechendes Hotel mit gutem Restaurant, Parkplatz und eigenem Pool in Međugorje. Fußläufig ins Zentrum.

www.hotel-quattro.com

GPS 43.198339, 17.672128

Villa Fortuna

In einem historischen Steinhaus, das von einem üppigen Garten umgeben ist, befinden sich hübsche Zimmer und Apartments. Die Brücke von Mostar ist nur 150 Meter entfernt. Frühstück und kostenloser Parkplatz werden geboten.

www.villafortuna.ba

GPS 43.339282, 17.810559

Hotel Cavtat

Das Hotel Cavtat in der gleichnamigen Stadt ganz im Süden Kroatiens liegt direkt am Meer, bietet nette Zimmer, einen Pool auf dem Dach, dalmatinische Abende im hauseigenen Restaurant – und auch die Bar ist nicht zu verachten. Und das zu wesentlich günstigeren Preisen als in Dubrovnik.

www.hotel-cavtat.hr

GPS 42.581182, 18.221724

KOMBINATIONSMÖGLICHKEITEN

Sowohl die Tour 6 (der Norden von Bosnien und Herzegowina) als auch die Tour 8 (Montenegro) können problemlos angeschlossen werden.

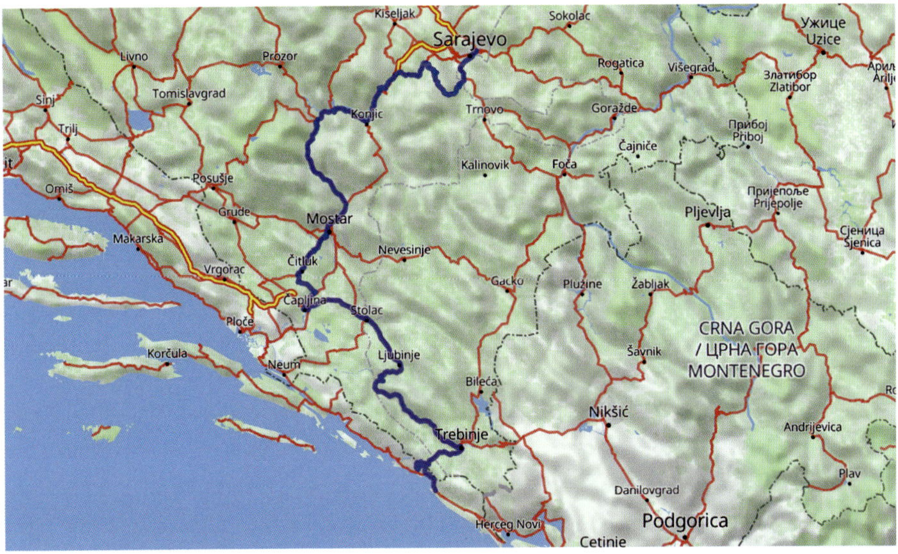

Zwischen Bergen **und Meer**

Eine Runde im Süden genügt, um dem Zauber und Charme des kleinen Montenegro zu erliegen. Das Land hat noch weit mehr zu bieten, aber schon hier machen grandiose Straßen und Pässe reichlich Appetit auf mehr.

Kurvenreich Straßenführung durch den Nationalpark Lovćen.

TOUREN-STECKBRIEF

START- UND ZIELORT

Cavtat (42.645249, 18.109477)
Podgorica (42.438993, 19.26232)

STRECKENLÄNGE

ca. 426 km (1 – 2 Fahrtage)

ROADBOOK

Cavtat, Čilipi, Herzeg Novi, Kamenari, Lepetane, Kotor, Krstac, Njeguši, Bukovica, Cetinje, Jezerski Vrh, Seoštik-Pass, Budva, Petrovac na moru, Poljice-Pass, Virpazar, Sutorman-Pass, Ulcinj, Marstijepovići-Pass, Lesendro, Podgorica

HIGHLIGHTS

Die Bergstraße oberhalb von Kotor ist eine der beeindruckendsten und dennoch unbekanntesten in Europa (42.395041, 18.759488), das Nationalheiligtum Njegoš-Mausoleum im Lovćen Nationalpark (42.400350, 18.837771) ist das höchstgelegene Grabmal der Welt und die Panoramastrecke oberhalb des Skutarisees bietet wahrlich phänomenale Ausblicke (42.100264, 19.240216).

Branik
1715
Vlahovići
Bijele poljane
Cerovo
Кобиљи До
Trmanje
Ubli
Trnjine
Danilovgrad
Seoca
Предиш
Piperi
Risan
Dobrota
Томићи
Orasi
Podgorica
Tivat
Kotor
Buronji
Kuk
Cetinje
Чешљари
Bigor
Tuzi
Pobrđe
Zaćir
Rogani
Golubovci
Ugnji
Pobori
Drešaj
Trnovo
Budva
Vranjina
Utrg
Virpazar
Petrovac na Moru
Limljani
Sutomore
Tuđemili
Bobovište
Bar
Veliki Ostros
Dobra Voda
Braiša
Kunje
Шаско
језеро
- Liqeni
i Shasit
Krute Ulcinjske
Ulcinj

Von oben wirkt die Bucht von Kotor fast wie ein Fjord.

Cavtat, die – fast – südlichste Stadt an Kroatiens Adriaküste ist eine gute Basis für diese Tagestour. Von hier aus ist es wirklich nicht mehr weit nach Montenegro, dem kleinen Nachbarn. Ein kurzer Hüpfer über die Jadranska Magistrala, schon erreicht man Čilipi – und damit die Grenze. In Montenegro wird aus der D 8 eine M-2, so wurde die Küstenstraße schon zu Titos Zeiten genannt.

Doch zur Erkundung des erst seit Mitte 2006 unabhängigen Staates muss erst einmal die Grenzhürde genommen werden. Seit Kroatien EU-Mitglied ist, gibt es hier wieder eine Außengrenze. Diese (vor wem oder was auch immer) zu schützen nehmen die Montenegriner deutlich ernster als ihre kroatischen Kollegen.

Zeit und Geduld

Mit geradezu aufreizender Gelassenheit wird jeder Personalausweis gescannt, gleiches gilt für jeden Kfz-Schein. Vor allem aber wird die zur Einreise zwingend erforderliche Grüne Versicherungskarte akribisch geprüft. Wer in einer Gruppe einreist, sollte für diesen bürokratischen Vorgang ausreichend Zeit – und Geduld – einplanen.

Auch die Fahrweise in diesem kleinen südeuropäischen Land ist gewöhnungsbedürftig. Wird ansonsten auf

dem Balkan doch zumeist flüssig, zuweilen auch ein wenig eilig gefahren, so gehen in Montenegro die Uhren definitiv anders: langsamer.

So ist die Ortsdurchfahrt von Herzeg Novi ohnehin schon auf nur 40 Stundenkilometer limitiert. Einheimische rollen aber gerne mit locker 25 Prozent weniger „High Speed" durch die Gegend. Angesichts der erstaunlich hohen Polizeipräsenz heißt die Devise daher: dahinter einreihen und mittreiben lassen. Das schont unserer Erfahrung nach das Nervenkostüm.

Per Fähre über die Bucht

Eine Fahrpause ist auf dem Fähranleger von Kamenari fällig. Alle paar Minuten legt hier ein Boot nach Lepetane ab und verkürzt die Reisezeit, die bei einer Umrundung der Bucht von Kotor anfallen würde, erheblich. Für zwei Euro pro Motorrad ist es zudem ein günstiges Vergnügen. Moment? Euro? Ja, das ist die inoffiziell offizielle Landeswährung, ein europäisches Kuriosum.

Schon 1999 und damit lange vor der eigenen Unabhängigkeit führte die Teilrepublik Montenegro die Deut-

Die 21 Kilometer lange Verbindung von Kotor nach Cetinje ist eine wahre Prachtstraße.

sche Mark als offizielle Währung ein. Ebenso übrigens Bosnien und Herzegowina. Doch während bei den Nachbarn daraus die Eigenwährung „Konvertible Mark" entstand, übernahmen die Montenegriner kurzerhand den Euro nach seiner Einführung in Deutschland. Das wird bis heute geduldet. Nur darf der Staat keine eigenen Münzen prägen oder Scheine drucken. Was auch immer man davon halten mag. Zurück im Sattel geht es weiter nach Kotor. Die Bergwelt will erstürmt werden.

Prachtstraße mit Aussicht

Eine der beeindruckendsten – und dennoch wohl unbekanntesten Bergstrecken Europas – steht bevor. Wenn es mal eine Prachtstraße für Motorradfahrer in Montenegro gibt, dann ist es die Verbindung über die R-1 von Kotor nach Cetinje.

Der Einstieg in die 46 wundervollen Kilometer beginnt fast auf Meereshöhe im Zentrum von Kotor, direkt an der berühmten gleichnamigen Bucht. Wer nicht aufpasst, landet allerdings im Tunnel der M-1 und muss einige

Pause mit bester Aussicht über die Bucht von Kotor.

Umwege in Kauf nehmen, um zurück auf den rechten Weg zu finden.

21 Kilometer, rund 900 Höhenmeter und 16 teilweise extrem enge Kehren später darf man sich eine Pause gönnen – an einem wohl atemberaubenden Aussichtspunkt. Der Blick auf die Bucht eröffnet dabei eine optische Täuschung. Wer auf den neben der Bucht liegenden „Tafelberg“ schaut und dabei das Gewässer im Auge behält, wird denken, die Welt sei schief. Ist sie natürlich nicht, das Auge spielt einem einen Streich.

Fast wie ein Fjord

Überhaupt ist das Panorama einzigartig. Die gesamte Bucht von Kotor liegt einem, einem norwegischen Fjord nicht unähnlich, zu Füßen. Im

Traditionelle Mitbringsel für daheim gibt es in Cetinje.

Njeguši ist das bekannteste Dorf in Montenegro und erstreckt sich unterhalb des Berges Lovćen im gleichnamigen Nationalpark.

Anschluss sollte man sich ein Mittagessen mit eben diesem Ausblick in einem Restaurant, dessen Terrasse wie aus den Felswänden herausgekratzt scheint, gönnen. Es ist direkt das erste, verfahren kann man sich daher nicht. Die Serpentinenstrecke endet im 958 Meter hohen Weiler Krstac.

Im weiteren Verlauf umrundet die Strecke Teile des 64 Quadratmeter großen Lovćen Nationalpark, in dem sich auch der nur über Schotter erreichbare, rund 1 748 Meter hohe Štirovnik-Gipfel erhebt. Von diesem „schwarzen Berg" erhielt Montenegro übrigens seinen Namen. Zwischen Njeguši und Bukovica sind dann wieder Kehren angesagt, die über die höchste Stelle der Strecke auf ein Hochplateau führen.

AUTOREN-TIPP

In bester Strandlage mit privater Zufahrt liegt das Restaurant Jadran, auch bekannt als **BEER & BIKE CLUB**. Es ist der Treffpunkt für Motorradfahrer, ob Einheimische oder Besucher. Inhaber Kristo ist besonders gut vernetzt in Stadt und Land. Es gibt bei Bedarf nichts, was hier nicht organisiert werden kann.

Doch auch wer keine technischen Probleme hat, darf sich hier einen Kaffee oder eine kulinarische Stärkung nach den doch herausfordernden Bergstrecken durch die Ausläufer des Dinarischen Gebirges gönnen.

www.beerbikeclub.com

Ehemalige Hauptstadt

Hier liegt auch Cetinje. Bis 1918 war es die Hauptstadt des Landes, nachdem die an der Küste residierenden Herrscher es im Mittelalter leid waren, ständig von einfallenden Horden bedroht zu werden. Sitz des Staatspräsidenten ist der kleine Ort aber noch heute.

Bevor es zurück zur Adria geht, sollte unbedingt noch der Abstecher zum Jezerski Vrh (Jezerski Gipfel) eingeplant werden. Mit 1657 Metern ist er der zweithöchste Gipfel innerhalb des Nationalparks. Hier lockt seit 1974 ein weiterer Aussichtspunkt der besonderen Art: Das Njegoš-Mausoleum ist das höchstgelegene Grabmal der Welt.

Der Name verweist nur indirekt auf das bereits erwähnte Dorf Njeguši, in dem im Jahre 1813 ein gewisser Radivoje Tomov Petrović das Licht der Welt erblickte. Das Dorf ist das bekannteste in Montenegro, da aus ihr die Petrović-Dynastie stammt. Diese stellte zwischen 1697 und 1918 zunächst als Bischöfe, später als Fürsten und schließlich als Könige die Herrscher von Montengro. Radivoje wurde 1830 Fürstbischof, erhielt den Titel Petar II. Petrović-Njegoš und gilt als Staatsheld. Unter seiner Herrschaft wurden die ersten Schulen gegründet, die erste Buchpresse eingeführt, aber auch staatliche Institutionen wie Senat, die Verwaltungs- und Vollzugsbehörden gegründet. Damit legte er administrativ die Grundlagen für einen modernen Staat. Nebenbei fand er auch noch die Zeit zu schreiben.

Er gilt bis heute als bedeutendster montenegrinischer Dichter. Dies ist

Das Njegoš-Mausoleum ist das höchstgelegene Grabmal der Welt.

insofern besonders erstaunlich, da er an einer Lungenkrankheit litt und nur 38 Jahre alt wurde. Er selbst hat sich den spektakulären Gipfel als letzte Ruhestätte ausgesucht. Schon zu Lebzeiten ließ er dort eine Kapelle errichten, in der seine sterblichen Überreste später begraben wurden. Mit dem Motorrad geht es – fast – bis ganz hinauf zu Montenegros Nationalheiligtum. Vom Parkplatz müssen allerdings noch 461 Stufen erklommen werden.

Höhen-Ausblicke auf Budva (oben) und den Skutarisee (unten).

Mondäner Badeort

Auf gleichem Weg zurück nach Cetinje will dann der 876 Meter hohe Seoštik-Pass erobert werden. Dieser führt über das Paštrovići-Gebirge, eines der vielen Untergebirge des Dinarischen Gebirges, weiter nach Budva, den mondänen Badeort. Es ist eine der ältesten Städte an der gesamten Adriaküste und das touristische Zentrum Montenegros. Nirgends sonst ist das

Angebot an Unterkünften und Aktivitäten so groß wie hier.

In Budva trifft man erneut auf die Jadranska Magistrala. Man folgt ihr aber nur bis Petrovac na moru, denn hier bietet sich mit dem 665 Meter hohen Poljice-Pass noch mal ein kurvenreicher Schlenk ins Landesinnere bis an den ehemaligen Seehafen Virpazar an. Der Ort liegt am Ufer des Skutarisees, dem größten See des gesamten Balkans und außerdem Naturschutzgebiet. Statt ihn zu umrunden, und damit auch albanisches Staatsgebiet unter die Räder zu nehmen, kann man alternativ zunächst noch einmal der Adria Lebewohl sagen.

Verkehrsarmer Übergang

Um zu ihr zu gelangen, überwindet man den 805 Meter hohen Sutorman-Pass, der über die südlichste Bergkette in Montenegro, führt. Früher war er einer der wichtigsten Übergänge, weil über ihn die alte Straße zwischen Adria und Podgorica führte. Mittlerweile ist er herrlich verkehrsarm, da im Jahre 2005 der 4189 Meter lange Sozina-Straßentunnel als schnelle Alternative eröffnet wurde. In Bar trifft man ein letztes Mal auf die Magistrala und lässt sich zu deren offiziellen Ende in Ulcinj treiben.

Dort lenkt man in nordöstlicher Richtung wieder in das Hinterland hinein und cruist entlang der albanischen Grenze durch das wildromantische Rumija-Gebirge wieder an den Skutarisee. Dieses trennt die Adria auf einem nur gut 20 Kilometer breiten Streifen vom See, diesmal am südöstlichsten Teil, der noch auf montenegrinischem Territorium liegt.

Wer glaubt, nun am Ufer vorbeifahren zu können wird enttäuscht, soll es aber nicht lange bleiben. Zwar haben die Straßenbauer einige Wege zu den wenigen am steilen Südufer befindlichen Ortschaften eingeplant, die Hauptstrecke führt allerdings immer

ein Stück oberhalb vom See entlang – und zwar abermals auf einer wahren Panoramastrecke.

Allerhand Aussichtspunkte

Sie heißt „Između dvije čarobne obale“, was übersetzt „Zwischen zwei magischen Ufern“ heißt. Bei schönem Wetter sollte für die gut 50 Kilometer lange und als P 16 ausgeschilderte schmale Straße, die erstaunlich viele steile und enge Abschnitte bietet, unbedingt ausreichend Zeit eingeplant werden. Allerhand Aussichtspunkte, die immer wieder unterschiedliche Seeblicke bieten, wollen schließlich genossen werden. Teil der Strecke ist außerdem die Fahrt über den 449 Meter hohen Marstijepovići-Pass.

Am anderen Ufer erreicht man erneut Virpazar und hüpft nördlich von dort über den Staudamm zur Ruine der Festung Lesendro. Sie nimmt die gesamte gleichnamige Halbinsel, auf der sie sich befindet, förmlich ein. Zu Zeiten des bereits erwähnten Herrschers Petar II. Petrović-Njegoš hatte sie große Bedeutung. Er ließ sie 1832 erbauen. Seinerzeit gab es den Damm noch nicht, daher war die Halbinsel eine Insel die wegen ihrer Lage an der Mündung des Flusses Crnojevića oft als „Schlüssel vom See“ bezeichnet wurde.

Umkämpfte Inselfestung

Deshalb wurde die Inselfestung zu einem ständigen Zankapfel. Die Festung wurde nicht nur das liebste Erholungsziel des Fürstbischofs, sondern sorgte vor allem für ungestörten Handel und Fischfang. Vorrangiges Ziel war die Verteidigung gegen osmanische Angriffe, was allerdings 1843 misslang, als Osman Pascha es besetzte – und bis 1878 unterwarf. Zurück in Montenegro diente die Festung bis zum Ersten Weltkrieg als Militärlager, bevor man sie aufgab.

Von hier aus sind es nur noch 25 Kilometer bis nach Podgorica, der durchaus sehenswerten Hauptstadt des Landes. Unser Fazit: Auf dieser Tour holt man sich mächtig Appetit auf Montenegro. Wenn schon der dichter besiedelte Süden des Landes, in dem trotzdem nur rund 625 000 Menschen leben, derart eindrucksvolle Natur und anspruchsvolle Strecken zu bieten hat, wie sieht es dann erst im Norden aus? ◀

INFOS ZUR TOUR

CHARAKTERISTIK

In Montenegro liegt alles nahe und scheint doch so weit entfernt. In diesem Land, das gerade mal so groß ist wie Schleswig-Holstein, versperren immer wieder Gebirgsketten und monumentale Schluchten den direkten Weg. So bilden die Rumija- und Paštrovići-Berge förmlich einen Riegel zwischen der Zeta-Ebene rund um Podgorica und der Adria. Verkehrswege überwinden ihn nur an wenigen Stellen. Daher sollte man für die Tour unbedingt ausreichend Zeit einplanen, zumal Besichtigungen und immer wieder Sprünge in Nass locken.

PÄSSE DER TOUR

Poljice-Pass: 665 m	(42.218364, 18.974701)
Seoštik-Pass: 876 m	(42.303629, 18.939117)
Sutorman-Pass: 805 m	(42.164984, 19.103966)
Marstijepovici: 449 m	(42.100264,19.240216)

ÜBERNACHTUNG

Villa Sole

Zentral und dennoch ruhig zwischen der Altstadt und Strand von Cavtat gelegen, bieten die Betreiber in zwei nebeneinander stehenden urigen geräumige Apartments an. Eigener Parkplatz.

villa-sole.com

GPS 42.585088, 18.217798

Monte Rosa

Das Hotel befindet sich im südlichen Teil des Lovćen-Nationalparks, nur etwa sieben Kilometer vom Njegoš-Mausoleum und zwölf Kilometer von Cetinje entfernt.

www.hotelmonterosa.me

GPS 4 2.378274, 18.841108

Boscovich Boutique Hotel

Das wirklich sehr schicke und dennoch nicht exorbitant teure Hotel in Podgorica bietet exquisite Zimmer, ein hoteleigenes Restaurant und natürlich einen eigenen Parkplatz. Außerdem verfügt es über einen hübschen Garten.

www.hotelboscovich.com

GPS 42.441692, 19.267474

KOMBINATIONSMÖGLICHKEITEN

Für den Anschluss perfekt ist die Tour 9.

Dramatik **pur**

Die Fahrt durch den Durmitor-Nationalpark, zu der auch die tiefste Schlucht der Welt gehört, raubt einem ob der ständig wechselnden spektakulären Ausblicke schier den Atem. Doch schon der Weg dorthin kann fahrerisch auch aufgrund verschiedener Passübergänge mehr als begeistern.

Wo die Felswände zu steil sind, wurden kurze Tunnel in den Stein geschlagen, wie auf dem Weg nach Plužine.

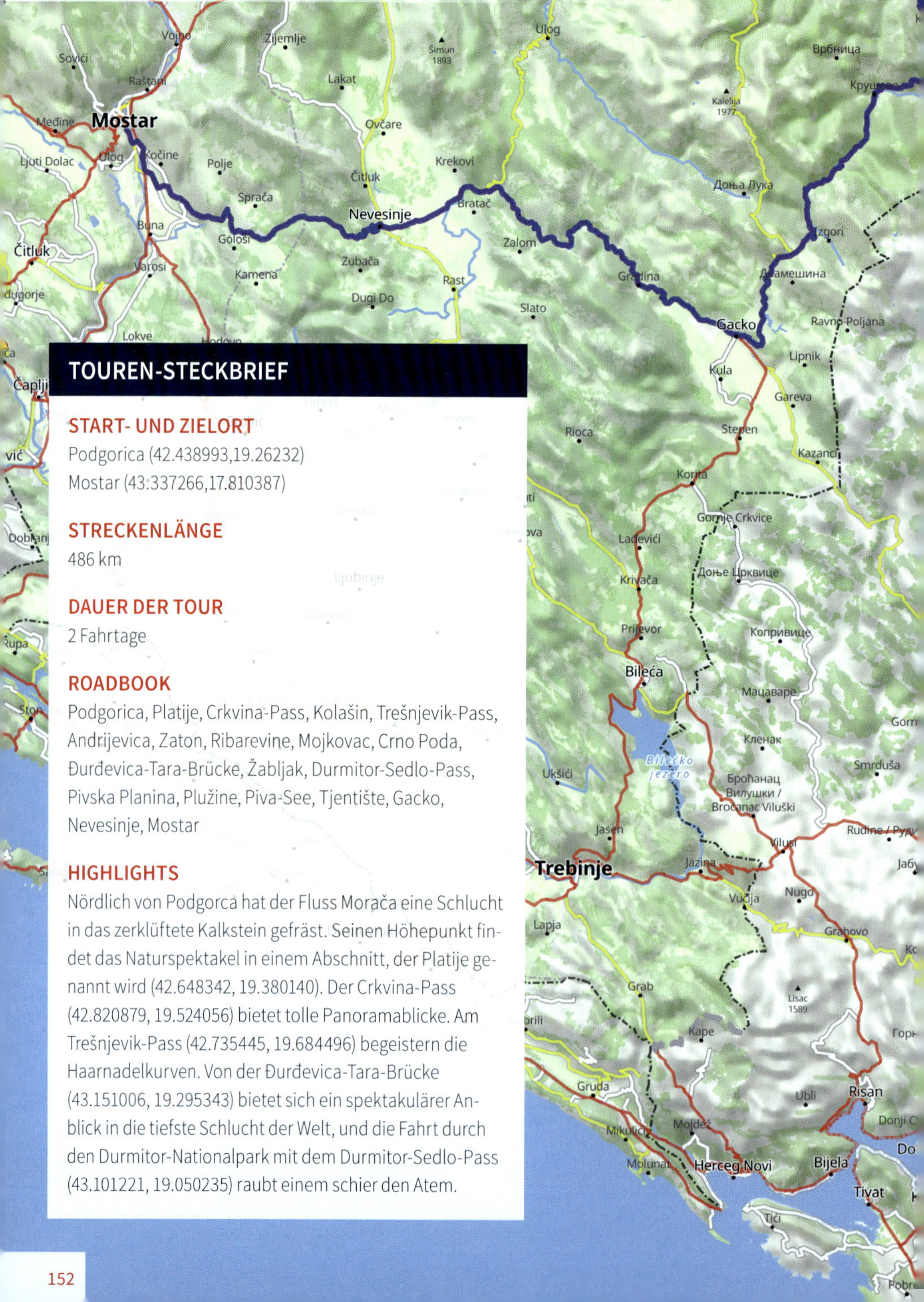

TOUREN-STECKBRIEF

START- UND ZIELORT

Podgorica (42.438993,19.26232)
Mostar (43.337266,17.810387)

STRECKENLÄNGE

486 km

DAUER DER TOUR

2 Fahrtage

ROADBOOK

Podgorica, Platije, Crkvina-Pass, Kolašin, Trešnjevik-Pass, Andrijevica, Zaton, Ribarevine, Mojkovac, Crno Poda, Đurđevica-Tara-Brücke, Žabljak, Durmitor-Sedlo-Pass, Pivska Planina, Plužine, Piva-See, Tjentište, Gacko, Nevesinje, Mostar

HIGHLIGHTS

Nördlich von Podgorca hat der Fluss Morača eine Schlucht in das zerklüftete Kalkstein gefräst. Seinen Höhepunkt findet das Naturspektakel in einem Abschnitt, der Platije genannt wird (42.648342, 19.380140). Der Crkvina-Pass (42.820879, 19.524056) bietet tolle Panoramablicke. Am Trešnjevik-Pass (42.735445, 19.684496) begeistern die Haarnadelkurven. Von der Đurđevica-Tara-Brücke (43.151006, 19.295343) bietet sich ein spektakulärer Anblick in die tiefste Schlucht der Welt, und die Fahrt durch den Durmitor-Nationalpark mit dem Durmitor-Sedlo-Pass (43.101221, 19.050235) raubt einem schier den Atem.

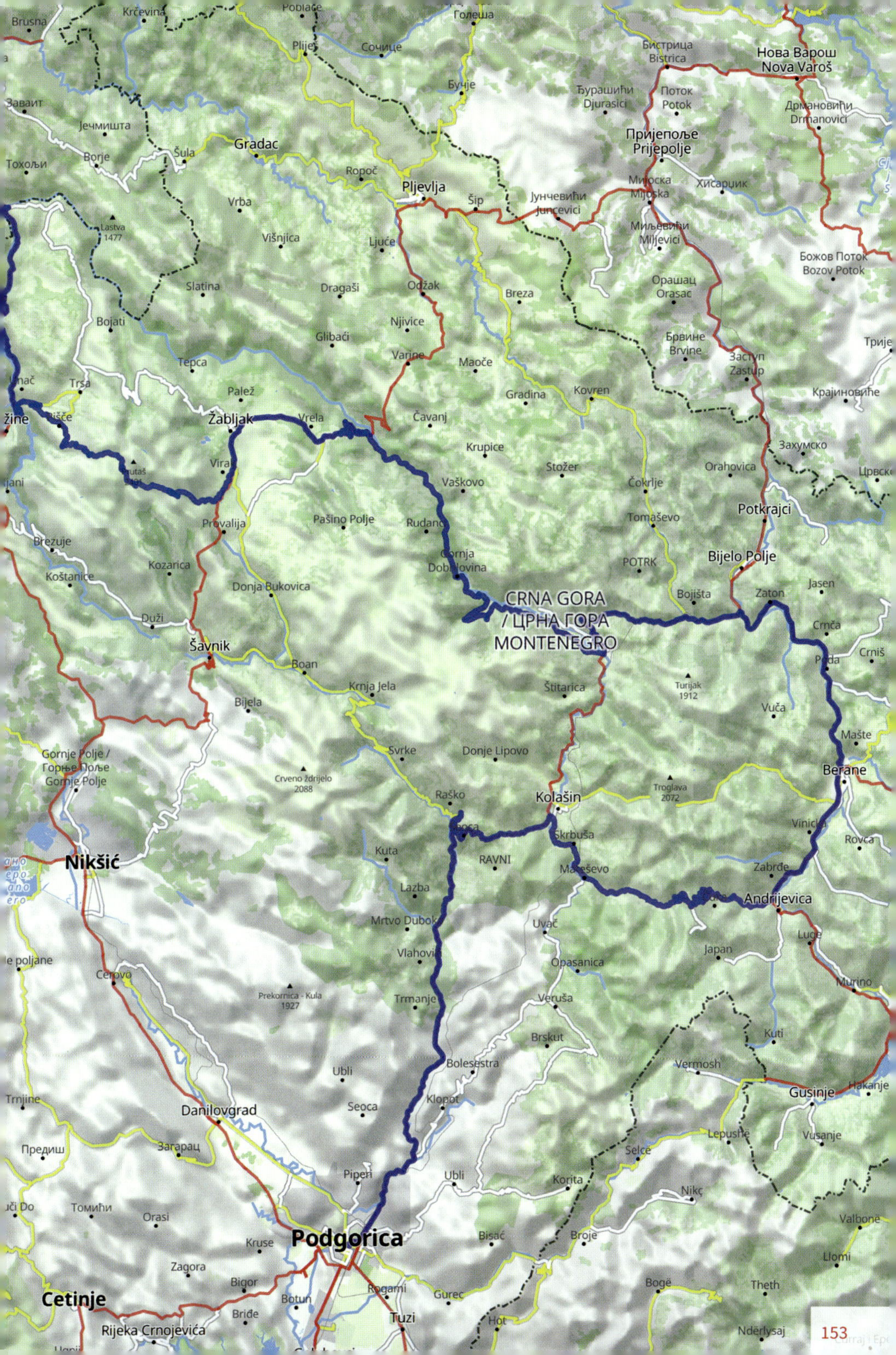
Brusna
Krčevina
Голеша
Бистрица
Bistrica
Нова Варош
Nova Varoš
Сочице
Pljevlja
Заваит
Јечмишта
Борје
Borje
Tохољи
Šula
Gradac
Ropoč
Бучје
Ђурашићи
Djurasici
Поток
Potok
Дрмановићи
Drmanovici
Пријепоље
Prijepolje
Милошка
Miloska
Хисарџик
Šip
Јунчевићи
Juncevici
Мильевићи
Miljevici
Божов Поток
Bozov Potok
Lastva
1477
Vrba
Višnjica
Ljuće
Slatina
Dragaši
Odžak
Breza
Орашац
Orasac
Bojati
Njivice
Glibaći
Брвине
Brvine
Заступ
Zastup
Varine
Maoče
Tepca
Trsa
Palež
Gradina
Kovren
Крајиновиће
Žabljak
Vrela
Čavanj
Krupice
Захумско
Virak
Stožer
Orahovica
Vaškovo
Čokrlje
Pašino Polje
Rudanci
Potkrajci
Provalija
Tomaševo
Gornja
Dobrilovina
Brezovje
POTRK
Bijelo Polje
Kozarica
Koštanice
Donja Bukovica
Bojišta
Zaton
Jasen
CRNA GORA
/ ЦРНА ГОРА
MONTENEGRO
Duži
Crnča
Šavnik
Crniš
Boan
Štitarica
Turjak
1912
Bijela
Krnja Jela
Vuča
Mašte
Gornje Polje /
Горње Поље
Gornje Polje
Svrke
Donje Lipovo
Berane
Crveno ždrijelo
2088
Troglava
2072
Raško
Kolašin
Vinicka
Rovca
Nikšić
Skrbuša
Kuta
RAVNI
Mateševo
Zabrđe
Lazba
Andrijevica
Mrtvo Duboko
Uvač
Luge
Vlahovići
Japan
Opasanica
Cerovo
Prekornica - Kula
1927
Trmanje
Veruša
Murino
Brskut
Kuti
Bolesestra
Ubli
Vermosh
Gusinje
Hakanje
Trnjine
Klopot
Danilovgrad
Seoca
Предиш
Загарац
Lepushë
Vusanje
Selcë
Piperi
Ubli
Korita
Nikç
Томићи
Orasi
Valbonë
Podgorica
Kruse
Bisać
Broje
Zagora
Llomi
Cetinje
Bigor
Rogami
Botun
Gurec
Bogë
Theth
Briđe
Tuzi
Rijeka Crnojevića
Hot
Ndërlysaj

Die römische Ruinenstadt Duklija befindet sich etwa drei Kilometer nördlich von Podgorica, dem Ausgangspunkt dieser Tour. Dort erfährt man viel über die bewegte Geschichte von Montenegros heutiger Hauptstadt, deren Einwohner immer wieder wechselnde Herrscher über sich zu erdulden hatten. Zwischen 1946 und 1992 trug sie sogar einen anderen Namen: Titograd. Zu Ehren des damaligen jugoslawischen Staatspräsidenten Josip Broz Tito.

Eine Schönheit ist die größte Stadt des Landes mit ihren knapp über 150 000 Bewohnern nicht. Das liegt daran, dass sie nach dem Zweiten Weltkrieg im Prinzip komplett neu aufgebaut werden musste. Dennoch lohnt sich ein Aufenthalt. Da die Stadt in einer Ebene an der Mündung der Zeta in die Morača – die Podgorica von Norden nach Süden durchfließt – errichtet wurde, prägen einige Brücken das Stadtbild.

Symbol des Aufschwungs

Die wohl spektakulärste ist die Millennium-Brücke (Most Milenijum). Sie wurde im Juli 2005, am Nationalfeiertag, offiziell eröffnet und führt seither auf einer Länge von 160 Metern über die Morača. Als Schrägseilbrücke konstruiert, gilt sie mittlerweile als Symbol des Aufschwungs und ist zum Wahrzeichen geworden.

Auf dem Motorrad verlaufen die ersten gut 50 Kilometer in Richtung Norden entlang des Flusses Morača. Was sich unspektakulär liest, entpuppt sich in der Realität schon als erstes Highlight, denn der Fluss hat im Laufe der Jahrmillionen eine Schlucht in das zerklüftete Kalkstein gefräst. Mit jedem Kilometer scheint das Tal enger zu werden und die nach oben ragenden Felswände steiler. Seinen Höhepunkt findet das Naturspektakel schließlich

in einem Abschnitt, der Platije genannt wird. Die Straße verschwindet in einem dunklen Tunnel.

Rundherum steigen beinahe senkrechte Klippen hinauf, die irgendwo im Blau des Himmels verschwinden. Ein gutes Stück flussaufwärts liegt idyllisch das Morača-Kloster. Ein beliebter Zwischenstopp, nicht nur bei orthodoxen Reisenden. Der gepflegte Klostergarten, das satte Grün des Rasens und das Summen der Bienenvölker strahlen Ruhe aus. Ein guter Ort, um die mannigfaltigen Sinneseindrücke der Fahrt durch die spektakuläre Landschaft zu verarbeiten.

Europas letzte Urwälder

Aber nicht zu lange, es geht weiter in den Biogradska Gora Nationalpark. Mit einer Fläche von knapp 60 Quadratkilometern ist er der kleinste des Landes – und dennoch äußerst sehenswert. So beherbergt er in seinem Inneren – gemeinsam mit dem Sutjeska-Nationalpark in Bosnien und Herzegowina und dem Nationalpark Belaweschskaja Puschtscha in Weißrusslands – den letzten richtigen Urwald Europas. Die Artenvielfalt in den Wäldern wurde schon 1878 vom damaligen König Nikola I. unter Schutz gestellt. 14 Jahre später wurde mit dem Yellowstone-Park in den USA der erste Nationalpark der Welt gegründet. Diese Ehre wurde Biogradska Gora dann schließlich 1952 erteilt.

Podgoricas Millenium-Brücke ist das Wahrzeichen der Stadt.

Bei viel Viehtrieb wird eine ohnehin schon schmale Straße noch enger.

EXTRA-TIPP

Wer zu den Niagarafällen möchte, muss nicht zwangsläufig nach Kanada oder in die USA. Nur etwa zehn Fahrminuten von Podgorica entfernt bietet Montenegro mit dem **VODOPAD NIAGARA** ein fast ebenso schönes Naturschauspiel. Hier vereinen sich die Flüsse Cjevna und Morača. Das Wasser des Hauptwasserfalls und zahlreicher kleinerer Kaskaden fällt in der Karstlandschaft mehrere Meter tief hinab. Das Spektakel ist aufgrund des hohen Wasserstandes im Frühling besonders gewaltig.
GPS 42.383714, 19.278812

Für uns Motorradreisende sind in diesem Teil des Balkans aber andere Dinge verlockender: die über 2000 Meter hohe Bjelasica-Gebirgskette, unter der sich der Nationalpark erstreckt. Der höchste Punkt heißt Crna Glava und ist 2139 Meter hoch. Ganz so hoch hinauf geht es motorisiert natürlich nicht, doch der erste Vorgeschmack hat es durchaus in sich. Um von Podgorica aus Kolašin, einen der wichtigsten Wintersportorte des Landes zu erreichen, muss der 1044 Meter hohe Crkvina-Pass bewältigt werden.

Hoch hinauf

Für passerfahrene Motoristen ist die Etappe kein Problem. Schwieriger wird es, sich von den Panoramablicken zu lösen und seine Gashand bei Laune zu halten. Der südwestliche Einstieg beginnt auf einer Höhe von etwa 600 Metern. In weiteren Schlenkern zieht sich der Pass dann auf stolze 1140 Meter hinauf. Kolašin liegt etwa 100 Meter unter der Passhöhe.

Hier erblickt man zum ersten Mal den längsten Fluss Montenegros: die Tara. Sie plätschert allerdings noch als eher kleines Bächlein westlich am Ort vorbei. Bevor es weiter zum berühmten gleichnamigen Canyon geht,

empfehlen wir aber noch einen Ostschwenk, um den 1570 Meter hohen Trešnjevik-Pass zu genießen. Die schmale, aber durchweg asphaltierte Straße führt auf 45,3 Kilometern nach Andrijevica. Etwa auf der Hälfte der Strecke begeistern gleich mehrere Haarnadelkurven.

Den Fluss entlang

Dort angekommen heißt es, in Richtung Norden zu lenken. Hier darf abermals einem Fluss gefolgt werden: dem Lim. Auf den folgenden Kilometern erspäht man immer wieder Fliegenfischer. Der Fluss gilt als das beste Gewässer für die Fliegenfischerei in Montenegro, da dank eines speziellen Mikroklimas der Fischbestand sehr hoch ist. Besonders Äschen und Forellen tummeln sich in ihm.

Westlich von Ribarevine trennen sich die Wege wieder. Der Fluss macht sich von hier aus auf seinen Weg gen Norden, um bei Višegrad in die dort angestaute Drina zu münden. Die Route hingegen schwenkt gen Osten. In Mojkovac trifft man dann endlich wieder auf die Tara. Mit ihrer Länge von 146 Kilometern ist sie der längste Fluss des Landes. Das an sich wäre noch nicht einmal sonderlich erwähnenswert. Spektakulär ist aber, was die Kraft ihres Wassers in ihrem Unterlauf mit den schroffen Felsen in diesem nordwestlichen Teils Montenegros angestellt hat.

Die Đurđevica-Tara-Brücke oberhalb der Schlucht.

Selbst im Hochsommer sind im Durmitor nur wenige Verkehrsteilnehmer unterwegs.

Die Tara-Schlucht hat eine Länge von 78 Kilometern und eine Tiefe von über 1300 Metern. Sie ist damit noch vor den Gorges du Verdon in Frankreich die längste und tiefste Schlucht Europas. Sie gehört neben der Colorado-Schlucht in den USA, dem Colca-Tal in Peru und einigen asiatischen Schluchten zu den größten der Welt. 1980 wurde der untere, als Schlucht ausgebildete Bereich des Flusses als Teil des Nationalparks Durmitor von der UNESCO in die Welterbeliste aufgenommen. Für Paddler und Kanufahrer ist er ein Paradies, gleiches gilt für Wanderer.

Auf dem Weg zum Wintersportort Žabljak.

Blick von der Brücke

Motorradfahrern sollte der Blick von der Đurđevica-Tara-Brücke genügen. Mit zweispuriger Fahrbahn überspannt die Stahlbeton-Bogen-Konstruktion in einer Höhe von 780 Metern die Schlucht auf einer Länge von rund 350 Metern. Offiziell eingeweiht wurde sie 1940, also noch während des Zweiten Weltkriegs. Zwei Jahre später sprengten die Partisanen sie, um den feindlichen Angreifern die Manöver zu erschweren. Der Neubau thront seit 1946 über dem Canyon. Benannt ist sie nach dem unmittelbar nördlich gelegenen Dorf Đurđevića Tara.

So spektakulär der Blick auf die Brücke und die unter ihr liegende Schlucht auch ist, was Motorradfahrer auf den folgenden 120 Kilometern zu sehen bekommen, raubt einem schier den Atem. Unserer Meinung nach ist die Fahrt auf einem Teilstück des Durmitor-Rings – einer offiziellen und ausgeschilderten montenegrinischen Panoramastraße – das Eindrucksvollste, was man auf dem gesamten Balkan zu sehen bekommt. Das von Gletschern geformte Gebiet, das von Flüssen und unterirdischen Bächen durchzogen ist, wechselt gefühlt hinter jeder neuen Kurve sein Antlitz.

Stets kühle Temperaturen

Schon die ersten Kilometer hinauf in den Wintersportort Žabljak erfreuen durch ihre fast schon aberwitzige Straßenführung. Apropos Winter: Aufgrund der Höhe – man befindet sich hier auf Höhen rund um 1500 Meter – ist es immer wieder frisch. Offiziell werden 15 Grad Celsius als sommerliche Durchschnittstemperaturen angegeben. Demnach sollte man sich bei der Reiseplanung auf durchaus niedrigere Temperaturen gefasst haben. Wir haben öfter mal gefroren.

Das tut dem Fahrgenuss allerdings keinen Abbruch. Überall ist der Asphalt in Ordnung, doch die Serpentinen sowie hier und da herumliegende Steine erfordern Aufmerksamkeit. Am Ende der Talfahrt erwartet uns schon der nächste Höhepunkt: der Durmitor-Sedlo-Pass, auf den sich glücklicherweise nur noch sehr wenige Verkehrsteilnehmer verirren. Hier und da erblickt man einheimische Autos und nur vereinzelt Wanderer. Überraschenderweise fahren Polizisten hier dennoch gerne Kontrollrunden.

Das offizielle Passschild des Durmitor-Sedlo-Passes.

Im Nebel sieht es im Durmitor noch dramatischer aus.

Kein Problem, denn die Landschaft dieser hochalpinen Bergkulisse ist viel zu beeindruckend, um großartig am Gashahn drehen zu wollen. Weiter gen Westen geht es bergauf. Wieder wechselt die Landschaft. Die Hochebene der Pivska Planina ist von scheinbar endlosen Bergwiesen überzogen. Der Duft von Kräutern liegt in der Luft und die gelb und lila leuchtenden Blüten zaubern einen Kontrast zum Blau des Himmels. In allen Richtungen erheben sich am Horizont gewaltige Gebirge, auf denen selbst im Frühsommer noch weiße Schneefelder zu sehen sind.

Zahllose Mythen

Langsam kommen die höchsten Gipfel immer näher. Aus dem Blüten- wird ein Felsenmeer und zwischen den aberwitzig gefalteten, steilen Gesteinsformationen breiten sich immer wieder sanfte, grüne Talwiesen aus. Einige der Felsbrocken scheinen sich zu bewegen. Doch es sind nur Schafe. Um einen herum sind nur noch Berge.

Es verwundert kaum, dass diese Landschaft Ursprung zahlloser Mythen und Legenden von Göttern und Nymphen ist. Auch der höchste Berg des Landes, der 2 523 Meter hohe

Bobotov Kuk, ist teilweise zu sehen. Eigentlich ist der Gipfel des Zla Kolata noch elf Meter höher. Doch das zählt für die Montenegriner nicht, denn dieser steht zur Hälfte auf albanischem Boden. Nicht so der Bobotov Kuk. Der steht komplett in Montenegro und bildet die Spitze von 47 weiteren Zweitausendern im Durmitor-Gebirge. Zur Herkunft des Namens Durmitor gibt es verschiedene Erklärungen. Eine davon soll sich vom Lateinischen „dormire“ ableiten und frei übersetzt „Berge, wo die Götter schlafen“ bedeuten.

Durch kurze Tunnel

Auch hinunter nach Plužine windet sich die Straße abenteuerlich in engen Kurven. Wo die Felswände zu steil sind, wurden kurze Tunnel in den Stein geschlagen. Neben der Straße geht es beinahe senkrecht bergab und zwischen Felsen und Büschen wird immer wieder der Blick auf das kräftige Türkis des Piva-Sees frei. Wie ein norwegischer Fjord mutet die Schlucht hier an, doch das Meer liegt weit entfernt. In den 1970er Jahren wurde die Piva durch den Bau der 220 Meter hohen Mratinje-Talsperre aufgestaut. So entstand der zweitgrößte See des Landes, der sich über 33 Kilometer durch das enge Tal windet.

Das Städtchen Plužine musste weichen und wurde in höhere Lagen umgesiedelt. Dort liegt es bis heute am Ufer des Sees. Ein ähnliches Schicksal hatte auch das Kloster Piva. Zwölf Jahre dauerte es, es Stein für Stein an seinen heutigen Standort zu überführen.

Bevor das Ende dieser Tour erreicht ist, will noch ein letzter Nationalpark erkundet werden. Allerdings nicht mehr in Montenegro, sondern nun Bosnien und Herzegowina. Die Grenze befindet sich nur knapp 15 Kilome-

Bizarre Gesteinsformationen säumen die Straße im Durmitor.

ter nördlich des Sees. Die Rede ist vom Nationalpark Sutjeska. Namensgeber des ältesten Nationalparks des Nachbarlandes ist die Sutjeska, ein Nebenfluss der Drina.

Der Name kommt euch bekannt vor? Kein Wunder, denn er wurde schon erwähnt, da auch dieser Nationalpark seine Schutzwürdigkeit den letzten Urwäldern Europas zu verdanken hat. Zu ihnen geht es nicht, dafür bieten sich auf den folgenden Kilometern bis nach Gacko immer wieder Ausblicke. Nicht nur auf den 2386 Meter hohen Maglić, den höchste Gipfel dieses Landes, sondern auch auf kleine Flüsschen, bewaldete Täler, karge Hochebenen und schroffe Karstkämme.

Das Gebiet rund um Tjentište, das heute „dolina heroja" – übersetzt: Tal der Helden – heißt, war vom 15. Mai bis zum 16. Juni 1943 Schauplatz einer Schlacht zwischen jugoslawischen Partisanen und der deutschen Wehrmacht. Den über 300 Bombern und rund 127 000 Soldaten der Achsenmächte standen nur 16 000 Kämpfer der jugoslawischen Volksbefreiungsarmee gegenüber, ohne Luftwaffe. 3 301 Partisanen starben. Dennoch gilt diese Schlacht als Symbol für die Befreiung Jugoslawiens. Sie war eine der blutigsten im Zweiten Weltkrieg und Anfang vom Ende der Nazi-Vormacht auf dem Balkan. Mehrere Denkmäler und ein Museum im Tal erinnern daran.

Bevor man sich auf die landschaftlich schöne Schlussetappe nach Mostar macht, die einem zum Abschluss dieser an Highlights wahrlich nicht armen Tour noch einmal schöne Kurvenfolgen schenkt, sollt man daher unbedingt den gut 15-minütigen Spaziergang zur Tjentište-Gedenkstätte einplanen. ◀

Spektakulär windet sich die Straße oberhalb des Piva-Stausees.

INFOS ZUR TOUR

CHARAKTERISTIK

Diese Tour durch hat es in sich. Abgesehen von sehr abwechslungsreichen und größtenteils grandiosen Landschaften ist die Straßenführung spektakulär. Ein sicheres Handling des Motorrads ist daher Voraussetzung. Extrem schwierig und gefährlich ist sie für erfahrene Motorradreisende aber nicht. Ein Hinweis noch zur Orientierung im Lande: Wohl dem, der die kyrillische Schrift beherrscht, denn die Beschilderung ist stellenweise nur in dieser vorhanden. Alle anderen sollten sicherheitshalber eine verständliche, möglichst zweisprachige Straßenkarte dabei haben.

PÄSSE DER TOUR

Crkvina-Pass, 1044 m	(42.820879, 19.524056)
Trešnjevik-Pass 1568 m	(42.735445, 19.684496)
Durmitor-Sedlo 1907 m	(43.101221, 19.050235)

ÜBERNACHTUNG

Hotel Crnogorska Kuća

Im nördlichen Teil von Podgorica bietet das familiengeführte Hotel Zimmer im Hauptgebäude und in zwei angrenzende Villen. Ein eigenes Restaurant ist vorhanden, gleiches gilt für den Parkplatz.
www.crnogorskakuca.me
GPS 42.452806, 19.241875

Hotel Polar Star Žabljak

Das Hotel punktet durch die Lage mitten im Durmitor-Gebirge. Die Zimmer sind einfach, aber geräumig, das Restaurant bietet regionale Gerichte.
www.polarstar.me
GPS 43.16464, 19.17529

Hotel Mladost

Die Tjentište-Gedenkstätte ist nur etwa 500 Meter vom Hotel entfernt. Dieses bietet Zimmer mit Berg- oder Flussblick, Restaurant und Parkplatz.
www.hotel-mladost-tjentiste.business.site
GPS 43.355057, 18.689191

KOMBINATIONSMÖGLICHKEITEN

Die Tour passt perfekt zu der Tour 8 (Montenegros Süden), lässt sich aber auch gut mit der Tour 10 (Albanien) kombinieren.

Bei den **Skipetaren**

Albanien ist ein kontrastreiches Land, bietet schneebedeckte Berge, kristallklare Seen, lange Sandstrände, römischen Ruinen und UNESCO-Weltkulturerbestätten. Dennoch öffnet sich dieses Land, das lange isoliert war, erst langsam ausländischen Touristen.

Die Straßenführung der albanischen Küstenstraße SH 8 entlang der Adria ist teils dramatisch.

Tiranë
Durrës
Shijak
Kus
Kamez
Besh
Krastë
Tuçep
Селци
Selci
Bize
Urë
Fag
Ndroq
Golem
Oeha
Benë
Floq
Ботун
Botun
Gror
Kavajë
E852
Librazhd
Струга
Struga
Косе
Kose
Mlik
Vrap
Kazie
Menik
Охрид
Ohrid
Elbasan
Rrogozhinë
Pajove
Prrenjas
Golik
Divjakë
SHQIPËRIA
Lushnjë
Gur
Pogradec
Gorre
Gramsh
Agim
Oban
Blacë
Sheq
Kuç
Kuçovë
Hamil
Vërri
Fier
Roskovec
Berat
Maliq
Frakull e Madhe
Voskopojë
Ballsh
Poliçan
Korçë
Selenicë
Klos
Çorovodë
Vlorë
Gërnec
Çorrush
Buz
Rog
Psar
Kotë
Luar
Memaliaj
Orikum
Ersekë
Gjorm
Tepelenë
Këlcyrë
Dukat i Ri
Tërbaç
Përmet
Zhej
Green Coast
Residence
Leskovik
Himarë
Gjirokastër
Κόνιτσα
Κεφαλόβρυσο
Lugar
Delvinë
Δελβινάκι
Delvinaki
Πάπιγκο
Sarandë
Καλπάκι

TOUREN-STECKBRIEF

BASISORT

Tirana (41.327020, 19.81913)

STRECKENLÄNGE

ca. 840 km

DAUER DER TOUR

4 – 5 Fahrtage

ROADBOOK

Tirana, Elbasan, Kuçova, Berat, Vlorë, Llogara-Pass, Dhërmi, Llaman, Saranda, Gjirokastra, Përmet, Korçë, Pogradec, Tirana

HIGHLIGHTS

UNESCO-Weltkulturerbe in Berat (40.7075, 19.94282) und Gjirokastra (40.08082, 20.1478), Unabhängigkeitsmuseum in Vlorë (40.46923, 19.491120), Fahrt entlang der albanischen Riviera und vor allem der Llogara-Pass (40.19109, 19.61249).

Tirana ist rastlos. Über 750 000 Menschen leben hier. Insgesamt hat Albanien drei Millionen Einwohner. Große Plätze und Plattenbauten aus kommunistischen Zeiten mischen sich mit Boulevards voller Cafés, kleinen Läden und hübschen Märkten. Gerade deswegen ist Albaniens Hauptstadt eine ideale Basis, um das kontrastreiche Land im Südzipfel der Balkanhalbinsel zu entdecken.

Auf den Straßen herrscht Großstadtverkehr, doch wer sich mit einer gehörigen Portion Gelassenheit auf das Chaos einlässt, fließt geschmeidig mit. Erstaunlicherweise sind die meisten Autofahrer, allen Vorurteilen zum Trotz, umsichtig unterwegs. Es fährt auch keiner zu schnell. Die Menschen scheinen keine Eile zu haben, um von A nach B zu gelangen.

Der oft gemiedene Süden

Schon bald ist das Hinterland erreicht, wo geschwungene Wege einen hinauf in die Berge bringen. Kaum zu glauben, dass sich von den über vier Millionen Gästen, die das Land im Jahr besuchen, die meisten in den Städten und an der Küste aufhalten. Der gebirgige Norden Albaniens ist unter Motorradfahrern bereits leidlich bekannt – und beliebt. Der Süden hingegen, der ebenfalls mächtige Höhenzüge und majestätische Gipfel aufweisen kann, wird dagegen noch oft gemieden. Ein Fehler!

Auch deshalb sei der Weg in Richtung Süden mit dem Zwischenziel Elbasan empfohlen. Der weitere Grund: Man hat über Kilometer den 2415 Meter hohen und schneebedeckten Berg Tomorri vor der Nase. Am Straßenrand erblickt man immer wieder Hirten, die wahlweise mit Ziegen, Schafen, Eseln, Pferden, Hunden – oder sogar Hühnern – unterwegs sind. Augenfällig sind außerdem die vielen kleineren Anbauflächen für Weintrauben und Gemüse.

Trotz der Idylle verlangen die Straßen mitunter aber auch Konzentration. Grundsätzlich sind sie zwar meist in einem guten Zustand, stellenweise können sie aber auch mit rutschigen Abschnitten überraschen. In Kurven ist es daher keine schlechte Idee, kurz einen Fuß abzusetzen und nachzufühlen, wie glatt es tatsächlich ist.

Die Gebirgszüge im mittleren Albanien stehen ihren bekannteren Pendants im Norden in nichts nach.

Gemischte Herden aus Ziegen, Schafen, Eseln, Hühnern und Hunden gehören hier zum Straßenbild.

Die MiG-17, ein ehemaliges Kampfflugzeug aus Zeiten des Kalten Krieges, in Kurçova.

Ein weiterer Hinweis: Die meisten Straßen in Albanien haben keine Nummern und es gibt im ganzen Land nur zwei Autobahnen. Motorräder sind nur selten unterwegs. Wenn man hier überhaupt zweirädrig motorisiert unterwegs ist, dann zumeist auf alten Mopeds. Doch die Menschen grüßen und winken einem stets freundlich zu, wenn die kleinen Dörfer durchquert werden. Dies gilt meist auch für Polizisten.

Land des Rohöls

Nachdem die in einem Tiefland gelegene Industriestadt Elbasan passiert ist, führt die Tour weiter nach Kuçova. Über der Stadt hängt ein starker Geruch von Rohöl. Direkt vor den Wohnhäusern stehen kleinere Ölfässer. Offenbar besitzt jede Familie ihr eigenes. Albanien verfügt über eines von

Europas größten Öl- und Gasvorkommen. Es wurde schon im Ersten Weltkrieg entdeckt. Das Rohöl wird vor allem nach Italien, Spanien und Malta exportiert, doch da die Technik hier vor Ort mittlerweile zu altmodisch ist, muss es im Ausland aufwendig raffiniert werden. Dennoch sieht man bei der Reise durch dieses Land unterschiedliche Tankstellen. Die größeren Ketten heißen Kastrati, Elda und Alpet, aber es gibt auch private, die nach dem Kommunismus entstanden sind.

Neben Tankstellen sind überall im Land auch die Überreste kleiner, runder Bunker zu sehen sind. Sie dienten zum Schutz in der kommunistischen Periode. Bis heute weiß niemand so genau, wie viele Bunker in dieser Zeit tatsächlich erbaut wurden. Fest steht nur, dass die Behörden sie landesweit errichten ließen und viele groß genug für zwei Personen sind. Als die Menschen jedoch mitbekamen, dass der verwendete Stahl viel Geld wert ist, wurden einiges von dem Material abgerissen.

Berat trägt den Beinamen „Stadt der 1000 Fenster".

Der nächste Stopp lohnt sich in der Stadt Berat, die aufgrund ihrer Kirchen, Moscheen und der Architektur aus der osmanischen Zeit mittlerweile zum UNESCO-Weltkulturerbe gehört. Schmale Kopfsteinpflasterstraßen führen zum historischen Teil der Stadt, der eine mittelalterliche Festung beherbergt. Von hier aus hat man eine grandiose Aussicht über die Tegeldächer und die alten Steinbrücken, die über den Fluss Osum führen.

Weiter geht es in die Stadt Vlorë, die mitten an der Straße von Otranto liegt. Damit ist eine Meerenge im Mittelmeer gemeint, in der das Adriatische auf das Ionische Meer trifft. Die Stadt ist bekannt für ihr Olivenöl und ihre 250 000 Olivenbäume. Hier wurde 1912 auch die Unabhängigkeit vom osmanischen Reich unterzeichnet. Für kurze Zeit war Vlorë sogar die Hauptstadt des neu gegründeten Staates. Um diesem wichtigen historischen Ereignis zu gedenken, wurde ein großes, prachtvolles Unabhängigkeitsdenkmal nebst spannendem Unabhängigkeitsmuseum errichtet.

EXTRA-TIPP

Im Südalbanien lohnt sich ein kleiner Abstecher von der vorgegebenen Route: Nordöstlich vom Bistrica-See lockt der **SYRI I KALTER**. Es handelt sich um die wasserreichste Karstquelle des Landes. Ein Stopp im Restaurant Blue Eye sollte man einplanen. Auf der direkt im Wasser liegenden Terrasse kann man es mit regionalen Leckereien bestens aushalten. **GPS** 39.92428, 20.191850

Die albanische Riviera bleibt die Begleiterin. Besonders hier merkt man deutlich, dass der Tourismus in Albanien mittlerweile Einzug gehalten hat. Überall entlang der zauberhaften Küste werden Hotels gebaut. Dennoch führt die Tour von ihr weg – und abermals hinauf in die Berge. Nun will der Llogara-Pass erklommen werden. Er verbindet die Küstenstadt Vlorë mit Orikum. Auf dem 1027 Meter hohen Scheitel genießt man die beste Aussicht über die umliegende Bergwelt des Nationalparks Llogara, aber auch auf den unter einem liegenden Berg.

Saranda gilt als Albaniens Flitterwochen-Hauptstadt.

Endlose ruhige Strände

Später wird das charmante kleine Dorf Dhërmi, das ein Stück die Küste hinauf liegt und mit einer kleinen Kirche sowie weißen Kalksteinhäusern mit roten Tegeldächern bezaubern kann, durchquert. Im Sommer ist der Strand hier sehr beliebt bei feiernden Jugendlichen, doch entlang der Küste gibt es noch endlose und vor allem ruhige Strände mit weißem Sand. Einer der schönsten befindet sich in Llaman.

Albaniens-Flitterwochenstadt heißt Saranda und ist das nächste Ziel. Ge-

legen ist es in einer kleinen Bucht mit klarem Wasser und feinem Steinstrand. Bei Sonnenuntergang spazieren sowohl Einwohner als auch Touristen entlang der Promenade. Unten am Hafen liegen kleine Fischerboote vertäut, und früh am Morgen werden die Fischer ihren Fang direkt vom Boot aus verkaufen. Dann kommen die Einheimischen, um sich eine leckere Mahlzeit zu besorgen.

Blick auf Korfu

Das nicht weit entfernte Korfu kann man an klaren Tagen bestens erkennen. Wer mag, kann die griechische Insel auch mit den täglich verkehrenden Fähren besuchen.

Die weiteren Kilometer dieser Tour schlängeln sich stattdessen weiter in Richtung eines Kanals, der mit klarem Wasser gefüllt ist, das oben von den schneebedeckten Bergspitzen hinun-

terfließt. Die Straße folgt dem türkisfarbenen Fluss Drino, der mit von lila Blüten übersäten Judasbäumen eingerahmt ist und führt einen geradewegs zu einer weiteren Kulturerbe-Stadt: Gjirokastra.

Diese wurde von 1417 bis 1912 vom Osmanischen Reich regiert. Die gut erhaltene Stadt entzückt mit ihren Häusern aus dem 17. Jahrhundert, steilen Kopfsteinpflasterstraßen, netten Restaurants, kleinen Souvenirläden und einer mächtigen Festung. Hier wurde übrigens auch der kommunistische Führer Enver Hoxha 1908 geboren.

Auf ländlichen Wegen und dem Fluss Vjosa folgend geht es weiter. In der Ferne erspäht man die Gebirgskette Nemërçka mit ihren schneebedeckten Spitzen. Der höchste Punkt ist der 2 485 Meter hohe Maja e Papingut, der gut zu erkennen ist. Ein Stück außerhalb der Stadt Përmet lohnt sich eine Pause, um in einer natürlichen warmen Quelle zu baden.

Auf nunmehr sehr löchriger Straße geht es weiter in Richtung Korçë und hinein in die Bergwelt des Prespa-Nationalparks. Hier pflügen Bauern mithilfe von sturen Eseln die Erde, um

Nahe der Stadt Përmet badet man in einer natürlich-warmen Quelle (oben). Spannende Strecken gibt es auch im Landesinneren (li. Seite).

Mais und Bohnen anzupflanzen. Man befindet sich nun in der Grenzregion zu Griechenland und Mazedonien.

Ältester und tiefster See

Die Straßenschilder sind häufig in drei Sprachen beschriftet. Die Stadt Pogradec befindet sich direkt am Ohrid-See. Dieser ist einer der ältesten und mit 288 Metern auch tiefsten Seen Europas. Im Sommer kommen viele Menschen her, um sich an den Stränden des Sees zu sonnen oder auch ganzjährig im kühlen Wasser zu erfrischen. Auch dieser See gehört seit einigen Jahren zum UNESCO-Welterbe.

Von Pogradec ist es nicht mehr weit über die Grenze in die Republik Nordmazedonien. Da man schon einmal hier ist, sollte man die Gelegenheit nutzen, um hinüber nach Ohrid, der namensgebenden Stadt zu fahren. Entlang der Boulevards der Stadt säumen sich Läden, die Ketten, Armbänder und Ohrringe, gefertigt aus den einzigartigen Ohridperlen, zum Verkauf anbieten. Sie sind ein Symbol für die Stadt.

Auf dem Weg zurück nach Tirana folgt man schließlich dem Fluss Shkumbin mit seinen sachten Kurven. In der Hauptstadt angekommen heißt es dann wieder, Abschied von Albanien zu nehmen. Schade, es gebe noch so viel mehr zu erleben in diesem neuentdeckten Land, das für Touristen für so lange Zeit verschlossen blieb und von ihnen vielleicht auch deswegen nach wie vor sehr stiefmütterlich behandelt wird. ◀

Kleine Bunker wie dieser am Ohridsee sind in weiten Teilen des Landes am Straßenrand zu finden.

INFOS ZUR TOUR

CHARAKTERISTIK

Leider werden nicht alle Straßen in Albanien in der Dämmerung und nachts gut beleuchtet. Mitunter tauchen zudem plötzlich große Löcher, Steine oder Schlamm mitten auf der Straße auf. Auch Tiere können jederzeit die Fahrbahn überqueren. Vorsicht und Konzentration ist daher geboten. Zum besseren Verständnis: Das Wort „Kujdes“ auf Schildern bedeutet „Warnung“. Aufgrund der Straßenqualität sollten die Tagesetappen 250 Kilometer nicht überschreiten.

PÄSSE DER TOUR

Der 1027 Meter hohe Llogara-Pass (40.191497, 19.612645) verbindet in Südalbanien die Küstenstadt Vlorë mit dem Bergdorf Orikum.

ÜBERNACHTUNG

Hotel Gloria

Das Hotel Gloria ist ein schönes Hotel, das sich in Tirana in der Nähe des Bazars befindet.
www.hotelboutiquegloria.al
GPS 41.33077, 19.822830

Mangalemi Tomi

Im historischen Teil der UNESCO-Welterbestadt Berat ist das Mangalemi Tomi auch aufgrund seines hervorragenden Essens zu empfehlen.
www.mangalemihotel.com
GPS 40.7081, 19.949

Hotel Millennium

Das Hotel Millennium liegt direkt am Ohrid-See in der Stadt Pogradec.
www.hotel-millennium.pogradec.hotels-al.com/en/
GPS 40.90278, 20.719640

Hotel Coral

Etwas außerhalb von Vlorë und direkt am Meer kann das Hotel Coral überzeugen.
www.coral-hotel-resort.vlore.hotels-al.com
GPS 40.392480, 19.47964

KOMBINATIONSMÖGLICHKEITEN

Albanien schließt direkt an Montenegro (Touren 8 und 9) an.

MOTORRADFAHREN

Detaillierte Hinweise zu den beschriebenen Touren gibt es jeweils am Ende der Touren. Grundsätzlich gilt aber Folgendes.

In ***Slowenien*** und ***Kroatien*** sowie in ***Ungarn*** und der ***Slowakei*** sind die meisten Straßen in einem guten bis sehr guten Zustand. Ähnliches gilt für den Großteil in ***Bosnien und Herzegowina***. Auch dort gibt es fast überall kaum noch etwas zu meckern. Das liegt auch an den vielen Sanierungsmaßnahmen, die zum Teil noch anhalten. Einziger Nachteil: Man kann öfter Mal vor Baustellen stehen. Abseits der Hauptstraßen ist nach wie vor etwas Vorsicht geboten – und die Minenbeschilderung sollte unbedingt ernst genommen werden. Wo ein solches steht, bitte keinsfalls Offroad-Einlagen einplanen!

In ***Montenegro*** gibt es gemäß dem ÖAMTC gut 7600 Kilometer Straßen, von denen mehr als die Hälfte inzwischen befestigt sind. Schnellstraßen und Autobahnen existieren nach wie vor aber nur vereinzelt. Die zwei Hauptverbindungsstraßen sind die von Petrovac und Bijelo Polje sowie der Adriatic Highway von Herzeg Novi nach Ulcinj. Beide sind aber im Grunde genommen nur bessere Landstraßen.

Durch das erhöhte sommerliche Transitaufkommen kommt es am Grenzübergang „Tabanovec" in ***Nordmazedonien*** regelmäßig zu mehrstündigen Rückstaus. Dies sollte bei der Tourplanung berücksichtigt werden. Des weiteren gilt die nicht ausgebaute Kurvenstrecke zwischen Demir Kapija und der griechischen Grenze als Hotspot für Verkehrsunfälle.

Vor allem die Hauptstraßen ***Albaniens*** sind mittlerweile gut ausgebaut und asphaltiert. Auf den Nebenstraßen ist die Situation allerdings anders: Schlaglöcher und anderes Unbill gehören leider noch zur Tagesordnung. Daher sollte man seine Maschine gut beherrschen und unbedingt auf eine gute Bereifung geachtet werden. Ein Unfallrisiko besteht aber nicht nur aufgrund der Straßenverhältnisse, sondern ist mitunter auch der häufig als riskant zu beschreibenden Fahrweise der Einheimischen geschuldet.

In ***Rumänien*** reicht der Straßenzustand von schlammigen Singletracks bis zu perfekt asphaltierten Schnellstraßen und Autobahnen. Etwas Vorsicht ist bei Stadtumfahrungen mitunter geboten. Durch das hohe Lkw-Aufkommen ist der Asphalt dort häufig sehr abgenutzt. Auf dem Land sind Pferdefuhrwerke selbst heute noch ein beliebtes Verkehrsmittel der Einheimischen. Aufgrund derer ist die Fahrbahn oft verschmutzt. Außerdem halten sie und manch ein Viehtrieb gerne den Verkehr auf.

MITFÜHRPFLICHTEN FÜR MOTORRADFAHRER

Wer in die *Slowakei* reist, hat pro Person eine Warnweste mit dabei zu ha-

ben. Eine solche Mitführpflicht besteht in ***Slowenien, Bosnien und Herzegowina*** sowie ***Rumänien*** zwar nicht ausdrücklich. Da aber sowohl der Motorradfahrer als auch die Sozia bei einem Unfall bzw. einer Panne außerhalb geschlossener Ortschaften diese zu tragen haben – und sie schließlich nicht viel Platz einnimmt – empfehlen wir die Mitnahme ausdrücklich.

Verbandszeug gehört in ***Slowenien, Rumänien***, der ***Slowakei*** und ***Albanien*** zwingend dazu.

Kroatiens Bestimmungen sehen vor, ein Ersatzlampenset (auch für Bremsleuchten und Blinkerleuchten) dabei zu haben. Dies gilt auch für ***Albanien***. Im Kosovo wird es lediglich empfohlen.

DOKUMENTE

Neben einem Führerschein, Personalausweis(en) und den Motorradpapieren (im Original) muss in Südosteuropa häufig die sogenannte Grüne Versicherungskarte mitgeführt werden. Diese muss für das jeweilige Land gültig und die Länderkennung explizit in ihr eingetragen sein. Man bekommt sie von seinem Motorradversicherer.

Empfohlen wird sie für die Einreise nach ***Rumänien, Slowakei*** und ***Ungarn***. Verpflichtend ist sie in ***Bosnien und Herzegowina, Montenegro, Nordmazedonien*** und ***Albanien***. Im Kosovo gibt es folgende Besonderheit: Die Grüne Versicherungskarte wird dort gar nicht akzeptiert. An der Grenze muss zwingend eine eigene Grenzversicherung für das Land abgeschlossen werden.

Wer nicht mit dem eigenen Motorrad unterwegs ist, sondern zum Beispiel das eines Freundes oder Mietfahrzeug nutzt, muss mitunter nachweisen, dass es sich nicht um Diebstahl handelt. Eine entsprechende Vollmacht (Benützungsbewilligung/

Permission of Use) kann man sich von dem Eigentümer ausstellen und um auf der sicheren Seite zu sein vom Automobilclub seines Vertrauens beglaubigen lassen. Entsprechende Vorlagen kann man ebendort anfordern bzw. auf den jeweiligen Webseiten direkt herunterladen.

In folgenden Ländern kann einem an der Grenze ohne ein solches Dokument die Einreise verweigert werden: ***Albanien, Bosnien und Herzegowina, Montenegro, Ungarn, Kosovo, Rumänien, Slowakei***.

MAUT

Mittels einer Vignette wird in ***Slowenien*** die Maut für alle Autobahnen und einige ausgewählte Bundesstraßen erhoben. Motorradfahrer können sie für sieben Tage (€ 7,50) oder sechs Monate (€ 30,00) käuflich vorab über Automobilclubs oder Tankstellen und Grenzübergängen käuflich erwerben. Zwingend müssen die Rechnung und das Trägerpapier für die Vignetten mitgeführt werden, da durch diese die Gültigkeit und der ordnungsgemäße Erwerb nachvollzogen werden. Beides muss bei einer Kontrolle mitunter vorgezeigt werden.

Eine Vignette gibt es auch in ***Ungarn***, allerdings ausschließlich in elektronischer Form als sogenannten „e-Matrica". Bei ihr wird die Maut – die für sämtliche Autobahnen und alle mit einem „M" gekennzeichneten Schnellstraßen erhoben wird – elektronisch über das Kennzeichen kontrolliert. Am besten kauft man diese bereits vorab online. Alternativ ist sie aber auch an Grenzübergängen und Tankstellen zu haben. Wer irrtümlich auf einer gebührenpflichtigen Strecke ohne Vignette landet, hat maximal 60 Minuten nach der Auffahrt Zeit, eine Vignette nachzukaufen. In dieser Stunde werden keine Zusatzgebühren fällig.

In ***Kroatien*** sind sämtliche Autobahnen mautpflichtig. Außerdem auch einige Tunnel und diverse Brücken. Bei der Auffahrt zieht man ein Ticket, beim Verlassen wird per Bargeld oder Kredit- oder Bankkarte (Maestro oder V PAY) gezahlt.

Streckenabhängig wird auch in ***Nordmazedonien*** die Maut erhoben. Sie gilt zurzeit für Fahrten auf den Autobahnen M1, M3 sowie M4.

Da auch das Autobahnnetz in ***Bosnien und Herzegowina*** noch nicht durchgängig fertiggestellt ist, muss hier auch nur für Teilabschnitte bezahlt werden. Zurzeit gilt dies auf der

Autobahn A1 bei Sarajevo und südlich von Mostar, auf der Autobahn „Autoput 9. Januar“ von Banja Luka nach Doboj sowie auf der E 661 zwischen Banja Luka und Gradiška. Gezahlt wird an Mautstationen mit Bargeld, teilweise inzwischen auch mit Kredit- bzw. Maestro-Bankkarten.

In ***Montenegro*** muss ausschließlich der Sozina-Tunnel auf der E 80 zwischen Podgorica und Bar bezahlt werden. Für das Motorrad zahlt man zurzeit € 1,00. Die Straßen in ***Albanien*** sind nicht mautpflichtig, gebührenpflichtig ist allerdings der Kalimash-Tunnel auf der Autobahn A1 (Motorräder: € 2,50).

Selbst im ***Kosovo*** gibt es mautpflichtige Straßen, zugehörigen Mautstellen befinden sich am Wegesrand. Nicht ärgern, einfach nur beachten: Die Mautgebühren für ausländische Fahrzeuge sind in diesem Land grundsätzlich höher als für inländische.

In ***Rumänien*** darf das gesamte Straßennetz auf Motorrädern kostenlos befahren werden. Gleiches gilt für die ***Slowakei*** und ***Albanien***.

HÖCHSTGESCHWINDIGKEITEN

Innerorts gilt, wenn nicht anders mit einem Verkehrsschild gekennzeichnet, grundsätzlich 50 km/h. In ***Slowenien***, ***Kroatien***, ***Rumänien***, ***Ungarn*** und der ***Slowakei*** darf man außerorts maximal 90 km/h und auf Autobahnen 130 km/h schnell unterwegs sein.

In ***Albanien*** gilt außerorts 80-90 km/h und auf Autobahnen 110 km/h. Die Regelungen in ***Bosnien und Her-***

zegowina, Kosovo, Montenegro und *Nordmazedonien* sehen außerorts maximal 80 km/h und auf Autobahnen 130 km/h vor. Unserer Erfahrung nach hält man sich in *Montenegro* daran allerdings meist nicht – allerdings sind die Einheimischen keinesfalls schneller, sondern im Gegenteil äußerst langsam unterwegs! Von Überholmanövern ist allerdings abzuraten, da die Polizei selbst in abgelegenen Regionen häufig sehr präsent ist. Dies gilt übrigens im Prinzip für alle genannten Länder. Die Strafen sind zwar nicht immer empfindlich hoch, meist kann auch noch etwas verhandelt werden, aber wozu ein Loch in der Urlaubskasse riskieren?

WÄHRUNG

Der Euro ist nicht nur in *Slowenien* und der *Slowakei* das gesetzliche Zahlungsmittel, sondern kurioserweise auch in den Nicht-EU-Mitgliedsstaaten *Montenegro* und *Kosovo*. Beide damaligen jugoslawischen Teilrepubliken führten schon 1999 – und damit lange vor ihrer eigenen Unabhängigkeit im Jahre 2006 die damals noch gültige Deutsche Mark (DM) als offizielle Währung ein. Gleiches gilt im Übrigen für *Bosnien und Herzegowina*. Doch während dort daraus die heutige Eigenwährung „Kovertible Mark" mit Feningen wurde, übernahmen die südlichen Nachbarn kurzerhand den Euro nach seiner Einführung in Deutschland. Dieser Zustand wird bis heute offiziell geduldet. Allerdings dürfen beide Staaten keine eigenen Münzen prägen oder Scheine drucken.

In *Kroatien* heißt die Währung Kuna (1 Kuna = 100 Lipa), in *Albanien* Lek (1 ALL = 100 Quindarka), in *Rumänien* Leu (1 RON = 100 Bani) und in *Ungarn* Forint (1 HUF = 100 Filler).

Als Währungsrechner empfehlen wir www.oanda.com. Praktisch für unterwegs sind die kostenlosen Apps MyWährung und Xe Currency. Letztere bietet die Anwendung globaler Geldtransfers an, mit denen man Geld senden, empfangen und ausgeben kann.

REISEZEIT

Wie im Prinzip überall in Kontinentaleuropa, sind winterliche Reisen auf dem Motorrad kein Vergnügen. Es ist einfach zu kalt und mitunter auch zu schneereich. Frühling und Herbst sind immer zu empfehlen. In der erstgenannten Jahreszeit – besonders im Mai – kann man sich an blühender Ve-

getation erfreuen, es sei denn man leidet an entsprechenden Allergien.

Nicht zu früh unterwegs sein sollte man in den Karawanken und den Karpaten. Schnee fällt hier gerne noch bis Mitte April. Hier gibt es eine tagesaktuelle Übersicht zum Zustand der Pässe: **www.alpenpaesse.de**

Sommerliche Touren haben manch einen Nachteil: Zum einen sind die Ferienhochburgen im August meist übervoll, außerdem ist es, je weiter südlich man unterwegs ist, gerne auch sehr heiß. Außergewöhnlich warm wird es übrigens in der bosnisch-herzegowinischen Stadt Mostar: Aufgrund der Talkessellage kann das Thermometer durchaus auf über 40 Grad Celsius ansteigen, selbst wenn es in den umliegenden Bergdörfern noch einigermaßen auszuhalten ist.

Der Vorteil an Reisen im September: Das Farbenspiel der Bäume am Wegesrand kann sehr begeistern, in manch einer Region wird man sich an den kanadischen „Indian Summer" erinnert fühlten. Außerdem sind die Wassertemperaturen von Adria und einladenden Seen meist noch hoch genug, um entsprechende Badepausen einlegen zu können.

Dies gilt zwar in den meisten Ländern auch noch im Oktober – doch meist ist spätestens ab Mitte des Monats Saisonende. Die großen Hotels sind dann geschlossen und selbst Privatzimmer nur noch schwer zu bekommen.

ZEITZONEN

Achtung: In **Rumänien** ticken die Uhren anders. Ganzjährig +1 Stunde. In allen übrigen Ländern des Balkans herrscht die gleiche Zeitzone wie in unseren Breiten.

FÄHREN

Wer in Kroatien unterwegs ist, und die eine oder andere Insel mit in seine Tourplanung einbeziehen möchte, kommt um Fähren fast nicht herum. Informationen zu den Fährverbindungen gibt es hier **www.jadrolinija.hr**

UNTERKUNFT

Die Menschen auf dem Balkan sind bekannt für ihre Gastfreundschaft. Nicht nur in touristischen Gebieten gibt es allerhand Privatunterkünfte, die entsprechend ausgeschildert sind und bedenkenlos genutzt werden können. Die Zimmer mögen manchmal zwar schlicht sein, die Verpflegung ist es meist nicht – ganz im Gegenteil! Wer alleine oder nur in Kleingruppe unterwegs ist, kann auf diese Weise spontan manch ein Schnäppchen finden.

In den vergangenen Jahren sind zudem einige tolle Camping- und Bungalowanlagen entstanden. Da diese Urlaubsform zurzeit aber boomt, sollte man unbedingt vorab reservieren.

Hotels in allen Kategorien gibt es mittlerweile überall auf dem Balkan. Wer auf Nummer sicher gehen möchte, informiert sich vorab auf den einschlägigen Hotelportalen. Tipp: Gebucht werden solle direkt im Hotel. Auf diese Weise spart der Gast und das Hotel verdient mehr.

PRAKTISCHES

Der Tourismusverband Albanien bietet eine gut gemachte Internetseite, zurzeit leider nur auf Englisch.

www.albania.al

Bosnien und Herzegowina betreibt leider keine touristische Informationsplattform. Die Webseite des Reiseveranstalters Fortuna Tours ist eine tolle Alternative. Außerdem ist er eine prima Anlaufstelle für Buchung von Unterkünften, aber auch geführ-

ten Unternehmungen. Einige Mitarbeiter sprechend ganz hervorragend Deutsch. **www.fortuna.ba**

Kroatien Tourismus informiert auf einer toll gemachten Seite auch auf Deutsch. **www.croatia.hr**

Sehr informativ ist die deutschsprachige Webseite vom Tourismusverband Montenegro. **www.montenegro.travel**

Die offizielle Informationsseite vom Tourismusverband Rumänien. **www.romaniatourism.com**

Toll für Motorradfahrer in Rumänien: Neben Streckeninformationen werden auch Hinweise zur Wartung und Unterkünften geboten. **www.motoassistromania.eu**

Eine moderne und informative Seite eines deutsch-rumänischen Teams von jungen Leuten, die einem die vielen Facetten Rumäniens näher bringt. **www.ziel-rumaenien.de**

Der Tourismusverband der Slowakei bietet im Internet einen informativen deutschsprachigen Auftritt. **www.slovakia.travel/de**

Informativ, modern und auch deutschsprachig präsentiert sich der Online-Auftritt vom Tourismusverband Slowenien. **www.slovenia.info/de**

Das Ungarische Fremdenverkehrsamt bietet eine moderne Informationsseite. **www.visithungary.com/de/**

KARTEN | REISEFÜHRER

Im **TVV VERLAG** ist der **MOTORRAD-REISEFÜHRER KROATIEN** von **BIKERBETTEN** erhältlich. Zehn Touren quer durchs Land sind ausführlich beschrieben und mit passendem Kartenmaterial für die eigene Tourenplanung versehen. GPS-Daten zum Download sind selbstverständlich auch dabei.

ISBN 978-3-93706-337-9

Eine Auswahl an regionalen Balkankarten gibt der slowenische Verlag **GEODETSKA DRUŽBA** in Kooperation mit dem polnischen Verlag **ESPRESS MAP** heraus. Aufbereitet sind sie meist im Maßstab 1:150 00. Die Karten überzeugen mit ihrem Falzsystem. Durch klare Trennung der einzelnen Kartenteile verschwinden wichtige Informationen nicht mehr in der Falz. Die beidseitig laminierte Oberfläche ist reißfest, wetterfest und mit abwaschbaren Markern beschreibbar. In Deutschland erhältlich sind sie über den Verlag **MOTOURMEDIA**.

www.tourershop24.de

Der **REISEFÜHRER** zu Albanien von **FRANK DIETZE** und **SHKËLZEN ALITE** ist im **TRESCHER VERLAG** erschienen und beschreibt nicht nur die wichtigsten Sehenswürdigkeiten und Hintergrundinformationen, sondern bietet auch praktische Tipps, Hinweise zur Reisevorbereitung sowie Kartenmaterial. **ISBN 978-3-89794-526-5**

Empfehlenswert für die Vorbereitung der Reise durch Rumänien ist der **REISEFÜHRER** von **DIANA STĂNESCU**, erschienen im **MICHAEL MÜLLER VERLAG**. Die beigefügte Karte ist für die grobe Planung geeignet. Detailliertere kauft man am besten direkt beispielsweise in Tankstellen im Land.

ISBN 978-3-95654-285-5

SPRACHFÜHRER

Toll für unterwegs ist die **KAUDERWELSCH-REIHE** Wort für Wort Reise **KNOW-HOW VERLAG.** Es handelt sich jeweils um kleine handliche Bücher, denen man unterwegs die wichtigsten Vokabeln und Redewendungen entnehmen kann. Aussprachebeispiele gibt es in der passenden App. Erhältlich unter anderem für die Sprachen Albanisch, Bosnisch, Kroatisch, Mazedonisch, Rumänisch, Slowakisch und Slowenisch.

www.reise-know-how.de

MOTORRAD-TOURENMAGAZIN

Stephan Fennel und Snežana Šimičić sind nicht nur die Autoren des hier vorliegenden Reiseführers (und einiger weiterer), sondern auch die Macher von **ALPENTOURER**. Sechs Ausgaben pro Jahr, prall gefüllt mit Tourentipps zu den schönsten Strecken zwischen Atlantik und Adria bietet Europas Motorrad-Tourenmagazin. Hinzu kommen Erfahrungsberichte über Tourenmotorräder, Bekleidung, Helme und Zubehör.

Zum Verlagsservice gehört ein Portal, in dem die GPS-Daten aller Reportagen kostenlos zum Download bereitgestellt werden. Außerdem bietet es eine umfassende Übersicht zum Zustand der Alpenpässe (wichtig für die Anreise).

www.alpentourer.de

ALPENTOURER

ALPENTOURER erscheint seit 2006 – mit sechs Ausgaben pro Jahr. **Alle** nun schon über 70 Ausgaben sind zumindest als **epaper** verfügbar (bei unserem Partner United Kiosk, **www.united-kiosk.de**). Die Print-Ausgaben der letzten fünf Jahrgänge sind als Einzelstücke oder in günstigen Kombipaketen bei uns erhältlich. Auf **alpentourer.de** gibt es die **Inhalte** zu allen Ausgaben.

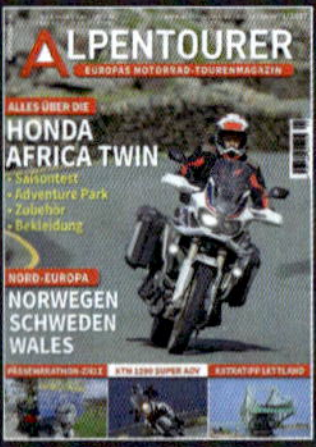
1/2017

2/2017

3/2017

4/2017

5/2017

6/2017

1/2018

2/2018

3/2018

4/2018

5/2018

6/2018 [SPEZIAL]

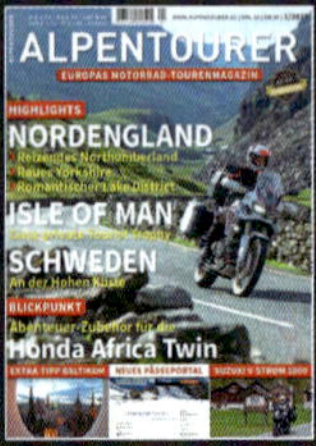
1/2019

2/2019

3/2019

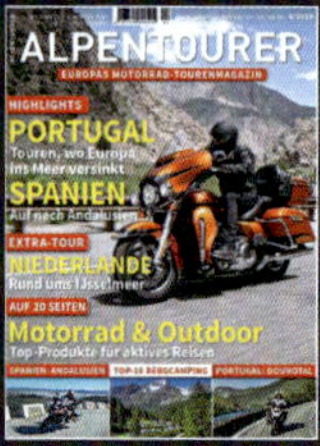
4/2019

5/2019

6/2019 [SPEZIAL]

1/2020

2/2020

3/2020

4/2020

5/2020

6/2020 [SPEZIAL]

1. Auflage Juli 2021 | © 2021

HERAUSGEBER

TVV Touristik-Verlag GmbH | Werner Henschel Str. 2 | D-34233 Fuldatal-Ihringshausen
Tel.: +49 - (0) 561/400 85 - 0 | Fax: +49 - (0) 561/400 85 - 21
info@bikerbetten.de | www.bikerbetten.de

Vertretungsberechtigter Geschäftsführer: Peter Schmitz, Jan-Uwe Schmitz
Registergericht: Kassel | Registernummer: 13254
Umsatzsteuer-Identifikationsnummer gemäß § 27 a Umsatzsteuergesetz: DE813611060

REDAKTION Snežana Šimičić , Stephan Fennel

FOTOS Titel: Tanja Schmitz (unten); Mostar By S-F shutterstock_663549616.jpg (oben)
Rückumschlag: Alexander Milz; Michael Hoyer; Binge Eliasson

Band of Climbers / hop cycling (141), Bran Castle (90), Bizovačke toplice (50), Binge Eliasson (14, 164, 2 x 169, 1701, 171, 173, 174, 175, 176), Idrija Tourist Board (34), Stephan Fennel (12, 48, 51, 53, 56, 62, 67, 68, 70, 71, 72, 73, 74, 98, 103, 104, 128, 131, 133, 140), Grad Bihać (113), Fortuna Tours (122, 123, 128), Andreas Forrer (8), Michael Hoyer (142, 150, 155, 158), Alex Milz (78, 84, 85, 86, 87, 88, 90, 92), NTO Montenegro (143, 144, 145, 146, 2 x 157, 159), Pexels: Alexander Nadrilyanski (155) / Muamer Ramovic (156), Restaurant Blue Eye (172), Snežana Šimičić (4, 10, 43, 46, 47, 49, 52, 57, 94, 99, 101, 102, 105, 106, 108, 115, 117, 118, 119, 124, 131, 132, 136, 144, 146, 162), www.slovenia.info: Jost Gantar (31) / Marko Sinkovec (35) / B. Kladnikb (40) / K. Kunaver (41) / S. Jersic (41), Wikimedia Commons: txd Lizenz CC BY-SA-2.0-DE (66) / 5 Christo Lizenz CC BY-SA-4.0-DE (69) / Ben Skala Lizenz CC BY-SA-3.0-DE (104) / Rade Nagraisalović Lizenz CC BY-SA-3.0-DE (116), Zagreb Tourist Board: J. Duval (60, 61)/ M. Gašparović (60, 61)

UMSCHLAGGESTALTUNG TVV Touristik-Verlag GmbH

KARTENBASIS Printmaps.net / OSM Contributors

ROUTEN MoTourMedia, Wuppertal

PRODUKTION MoTourMedia, Wuppertal

LEKTORAT Text-o-Pix, Wuppertal

DRUCK UND WEITERVERARBEITUNG Silber Druck OHG, 34253 Lohfelden

Die GPS-Daten gibt es zum kostenlosen Download auf **bikerbetten.de**

ISBN 978-3-96599-015-9

WWW.BIKERBETTEN.DE